斗蟋小史

白峰 著

广西师范大学出版社
GUANGXI NORMAL UNIVERSITY PRESS
·桂林·

图书在版编目（CIP）数据

斗蟋小史 / 白峰著. —桂林：广西师范大学出版社，2017.8

ISBN 978-7-5495-9816-8

Ⅰ. ①斗… Ⅱ. ①白… Ⅲ. ①斗蟋蟀－体育运动史－研究－中国 Ⅳ. ①G899

中国版本图书馆 CIP 数据核字（2017）第 130653 号

广西师范大学出版社出版发行

（广西桂林市中华路 22 号　邮政编码：541001
网址：http://www.bbtpress.com）

出版人：张艺兵

全国新华书店经销

广西民族印刷包装集团有限公司印刷

（南宁市高新区高新三路 1 号　邮政编码：530007）

开本：889 mm × 1 194 mm　1/32

印张：8　　　字数：160 千字

2017 年 8 月第 1 版　　　2017 年 8 月第 1 次印刷

定价：39.00 元

序

在全国大中城市开书店，曾是20世纪90年代三联人的梦想之一。这梦想来自民国时期三联书店曾在七十多个城市开书店的繁华往事。正如《读书》来自1934年创刊的《读书生活》半月刊、《三联生活周刊》来自1926年邹韬奋主编的《生活》周刊一样，开办三联书店分销店也是继承和复活老三联精神之举。我与白峰相识，就是在三联书店济南分销店。他是书店经理，妻子刘莹是他的帮手，还有几个趣味相投的员工。

三联在全国办了十几家分销店，品味纯正，每家店都成为当地读书人的精神家园。三联主管发行并兼任北京三联韬奋图书中心总经理的杨进，堪称分销店的总头。每当举办全国书市，这些分销店经理总要借机聚会。我与杨进要好，常常厕身其间。白峰在这些经理中是比较特殊的，瘦而高，长相年少，但性格内敛，不苟言笑，事事认真，说话一板一眼，有点夫子味道，看不出一点商气。他最与人不同之处在于：他是一位蟋蟀迷，非常投入。家里专修了地下室，数十（也许上百？）个蛐蛐罐摆放有序。有段时间，书店业务不景气，大家戏说他玩物丧志。我是见过他的蛐蛐罐阵容的，但懵懵懂懂，没太深印象。未想他锲而不舍，居然几十年过去，仍在孜孜矻矻此事。这体现了他的个性。他是一位个性很强、恒心十足、内方外圆的人。大家都喜欢他。

过去时代的男孩子，几乎没有不玩蛐蛐的。我小时在青岛，常去逮蛐蛐的“宝地”——万国公墓。都是外国人的坟墓，“文革”兴起，被挖掘了，石碑东倒西歪，缝隙里有蛐蛐。逮蛐蛐须在夜晚，到墓地终有些怕，但不知怎的，那乐趣似乎恰恰由于这个“怕”而加深了。当然，最大的乐趣在第二天一早，小伙伴们带新得的蛐蛐相斗。若自家有个个儿大的，厉害的，得胜后回家，宝贝得不得了，挑最好的罐，喂最好的食（大米、辣椒、饼干面包渣），一天不知要看多少遍……后来我写了一篇作文《蟋蟀的故事》，就是纪念我养过的一只“大黄牙”。养到冬天，它的腿都朽落了，我把它连罐一起埋在院子里梨树下。

2000年秋，白峰约我到柏良先生家。是济南蛩家聚会。从小至今，我唯一一次见到什么是真正的斗蟋。印象中，那些参斗的蛐蛐，绝不乱奔乱跳，反而神态自若，打斗时不吭气儿，得胜也不死追猛打，叫声矜持，似有君子风度，与我小时所玩绝不类同。柏良先生客气，题赠我一本他的著作《秋战韬略——鲁虫的相选、调养、训斗》。翻阅得知，小小蟋蟀、民间玩事，学问大了。我儿时所玩、所养，与专业斗蟋真乃天壤之别！我与白峰同有读闲书嗜好，多年来搜求了不少杂七杂八的书籍。其中蟋蟀的书，存有四种，除了柏良先生所赠，还有孟昭连辑注的《蟋蟀秘谱》，边文华、杨平主编的《蟋蟀图谱》，以及王世襄先生纂辑的《蟋蟀谱集成》。可是都未好好研读。

2002年我调到三联书店工作，与白峰有了“同事”关系。王世襄先生是范用先生的好友、三联作者中的“自家人”，我曾几次拜访。听袁荃猷先生绘声绘色讲王先生如何逛獾，如何打鹰，如何养虫，听得心里直痒痒。后来策划“中学图书馆文库”，我就想着把王先生写的这方面的文章编成一本，最适合中学生。2009年得以如愿，选文二十二篇，起名《京华忆往》。遗憾的是，书刚付印，王先生离世（袁先生早在2003年秋去世），于是换封面，改为纪念版发行。其中《秋虫篇》原名《秋虫六忆》，曾作为附录收入《蟋蟀谱集成》，内容是王先生回忆20世纪30年代北京玩蛐蛐的一些情况。

关于本书的撰写因缘，白峰在跋里说，始于二十年前与王世襄先生相识。最近几年，他先是与柏良先生合编《中华蛩家斗蟋精要》，又遵王先生生前所嘱，完成《蟋蟀古谱评注》，再著《解读蟋蟀》，直至这部《斗蟋小史》——稍思可见，他是由古至今，由史料辑注到要义深研，再到梳理成史，其治学逻辑是谨严的，其写作方法是持恒连贯的。中国斗蟋起码已越千年，但迄今未见一部斗蟋史著作。说不巧也巧，这个因缘就落到白峰头上了。因缘就是因缘。以我寡闻，很难再找到像白峰这样合适的作者：既多读书，人文素养深厚；又擅文字，勤于动笔；更是位秋战高手，所养蟋蟀的出将率令“老玩家”刮目相看，而且曾与王世襄先生多有交往。我打心里欢喜老友白峰完成春秋之作，相信蟋蟀研究会更上层楼，也欣慰王世襄先生玩出的文化、玩出的学问后继有人，后继有书……

汪家明

2017年6月于北京

目录

引　论
中国人为什么关注蟋蟀

斗蟋活动是中华独有的民俗活动和人文景观，是中国社会生活史的映射。

世界上各个民族都有自己独特的民俗，追根溯源，皆来源于各自由来已久的生存和生活方式。西班牙的斗牛享誉全球，今天看来是娱乐，但其来源却是欧洲以游猎为生的先民日常的生活；今日美国盛行的骑野牛运动，则根植于当初欧洲移民面对美洲广袤的西部荒原所付出的艰辛和努力。

中国人之所以对蟋蟀这样一种微末之虫瞩目良久，则来源于先民较早地确立了农耕的生活方式。长城是古老中国的象征，沿山势绵延起伏，曲折蜿蜒，横贯东西，工程之浩大，世所仅见。察其走向却基本与400毫米等降水量线大致相埒。长城所划定的，其实就是农耕民族与游牧民族的分界线，只不过在当时是出自长年的经验，而非刻意的设计。

与游牧民族的逐水草而居有所不同，农耕民族安土重迁，日出而作，日落而息，春种秋收，四季轮转，基本是靠天吃饭的，因而对节气、时令极其敏感。蟋蟀最早被重视就在于它有一种典型的物候特征，所谓“鸣不失时，信也”。民间又有“蟋蟀鸣，懒妇惊”的谚语，故又称“促织”。为什么又叫作“蟋蟀”呢？原来早有先民看破了天地轮转与自然万物的关系，悉天地之盈虚，率阴阳以出入，是为“蟋蟀”。蟋蟀反映的是天地的阴阳消长，这是中国文化独特的理解世界的方式。

《礼记》的“物候”篇就专门提及蟋蟀，《诗经》中有《豳风·七月》和《唐风·蟋蟀》两个篇章有及于此，可知在先秦时期，蟋蟀不仅仅进入了我们先民的耕作生活，也同样进入了先民们的情感生活。面对荒山大野，生存与情感，还有什么比这更重要的呢？自此以降，汉魏诗赋，唐诗宋词，延至明清小说，有关蟋蟀的鸣唱不绝如缕。从世界范围考量，没有任何一个国家、民族，能够像中国一样，让蟋蟀承载这么多的文化内涵。可以说，蟋蟀已然不单纯与我们先祖的生存方式有关，同时也成为我们的情感方式。

经过了长期的农耕生活和情感关注，人们终于发现了蟋蟀逢敌必斗、遇敌死战的生物特性，这和先民尚武的精神是相通的。

从严格的意义上说，斗蟋蟀活动兴起于南宋。

南宋时期，北方的边患前所未有，南宋的疆域向北仅及淮河一线，半壁江山已失，危如累卵。蟋蟀的死战不退，不知是否曾给当时的人们一丝精神上的支持呢？南宋末年，崖山一役，十万军民蹈海殉国，可谓惨烈，那些壮士、妇孺是否也忆起了蟋蟀的悲鸣？

“逢敌必斗，勇也；败而不鸣，知耻也。”蟋蟀在被赋予了人格化的德行之后，是否也反过来给人们提供了精神的支持呢？

千百年来，不管这片土地上发生着什么，尽管历朝历代褒贬不一，但斗蟋活动却代代相传，从未断绝。它已经融进了我们中国人的生活方式，融汇着我们的情感。

台湾乡愁诗人余光中在给流沙河的信中说到：“当我怀念大陆的河山，我的心目中有江南，有闽南，也有无穷的四川。在海外，夜间听到蟋蟀叫，就会以为那是在四川乡下听到的那一只。”

流沙河遂作《就是那一只蟋蟀》以为唱和：

……

就是那一只蟋蟀
在《豳风·七月》里唱过
在《唐风·蟋蟀》里唱过
在《古诗十九首》里唱过
在花木兰的织机旁唱过
在姜夔的词里唱过
劳人听过
思妇听过

就是那一只蟋蟀
在深山的驿道边唱过
在长城的烽台上唱过
在旅馆的天井中唱过

在战场的野草间唱过
孤客听过
伤兵听过

就是那一只蟋蟀
在你的记忆里唱歌
在我的记忆里唱歌
唱童年的惊喜
唱中年的寂寞
想起雕竹做笼
想起呼灯篱落
想起月饼
想起桂花
想起满腹珍珠的石榴果
想起故园飞黄叶
想起野塘剩残荷
想起雁南飞
想起田间一堆堆的草垛
想起妈妈唤我们回去加衣裳
想起岁月偷偷流去许多许多
……
就是那一只蟋蟀
在你的窗外唱歌
在我的窗外唱歌
……
中国人有中国人的心态
中国人有中国人的耳朵

第一章
斗蟋习俗究竟起于何时

虽然中国先民们对蟋蟀瞩目良久，但是斗蟋活动兴起得却比较晚。斗蟋活动究竟起于何时？众说纷纭。自两汉经学兴起以后，人们对自然的好奇渐渐消退。即便是在斗蟋活动较为兴盛的明清时期，蟋蟀谱代代刊刻，但是有关斗蟋史的源流在当时就已经说不清了。

这大约和明清以来的科举制度有关。

经历了元代的大变局，明初的制度设定相对于宋代来说是一个反动。朱元璋所设立的赋税和财政政策使得宋代逐渐兴起的商品经济形态和市民化倾向受到极大的阻碍，唐人的洒脱、灵动，宋人的文人趣味、精致的市民生活都受到了抑制。八股一开，进阶之路为之一统，世俗情调皆为玩物丧志，蟋蟀文化尤其是斗蟋活动就很难进入主流视野了。

单就蟋蟀谱而言，将斗蟋习俗归为唐代旧事，始于清代金文锦《四生谱》之《促织经》，其序云："蟋蟀见于《唐》什，详于《邠风》，是亦古风雅之士究心所在也，自李唐来，宫中为蟋蟀戏，传至外间，人争效之。”此序撰于康熙乙未年，即公元1715年。后世的蟋蟀谱常有沿用此说者，沿及当代，此说成为较通行的说法。当然此说也非空穴来风，有着更早的来源，其所依据的是宋末顾文荐的《负暄杂录》。

对于未加考辨而又深爱斗蟋活动之人，既然有了唐代兴起之说，那么北宋人斗虫也就成为顺理成章的想象。近现代的著述常有提及苏东坡、黄庭坚、佛印赏虫与斗虫之事。这些说法的直接来源，出自民国时期严步云的《蟋蟀谱》。此书初版于民国二十五年（1936年），铅印本，目前市面上仍有流传，然其内容显然抄自清本。卷一之序署“乾隆岁在甲寅仲冬华亭冯霁云识”，但书的前言称“此蟋蟀谱，根据唐宋元明清五朝世传精华，略减文言文，保留原作诗歌而成”，可见严步云喜欢夸大其词。从此书卷二（原）序看，大致上可以看出其依据的原本应该来自于晚清：“辛巳之秋，余友王君，偶云某有蟋蟀谱二卷，议论甚精，余闻之大悦”，落款为“光绪辛巳年嘉平月朔日翠竹斋主人叔名序”。光绪辛巳为光绪七年，即公元1881年，嘉平月为农历十二月的别称，以公元记则已为1882年。

其总序云：“养，始自于唐，为宫闱之乐，盛行于宋……如东坡公之高雅，佛印师之玄妙，山谷之旷达，云林叟之高尚，此数士皆人可钦仰者，而且好之，各立议之论……”

其卷一“尾忌黑粗弯曲”条下记曰：“东坡云，二尾尖长如针插，闻名尽说两头枪。总以尖长细润为主，若粗黑，

图一：黄筌《写生珍禽图》

则圩田草堆所出，非将才也。尾短肉弯，惟琵琶、螳螂二形不忌，余忌。”

“背空肋细硬不选”条下有：“佛印云：形如蛇游。腰硬则轻狂，非上品也。”

苏轼曾两次任职杭州，做过知州，苏堤就是他在任上时兴建的，杭州又是南宋斗蟋的中心区域，以苏轼的诗人气质和性格，与斗蟋活动有交集说来并不突兀。

另外有几则史料似乎也将斗蟋指向唐宋之际，比如传为五代黄筌之《写生珍禽图》（见图一）中出现过蟋蟀。

台北故宫博物院所藏宋画中有苏汉臣的一幅《秋庭婴戏图》轴（见图二），绘桐荫蔽日，三童子聚集于树底消暑，中一人持细棒斗促织为戏，旁二人亦喜亦惧，欲试又止，情态异常逗人。画面中虽未直接出现蟋蟀，但通过蟋蟀斗盆、旁侧的行罐，画家无疑画的是斗蟋蟀的场景（但

图二：苏汉臣《秋庭婴戏图》（局部）

有专业人士疑此画为后代画家托名之作）。

又，明沈德符《万历野获编》记录宣德帝斗蟋蟀之事，提及宣德蟋蟀盆，曾说“其价不减宣和盆也”——“宣和”是北宋末年徽宗使用的最后一个年号。似乎在明万历时期，玩家中曾经流传着徽宗时期的蟋蟀盆这类器物。

刊行于同一时期的《鼎新图像虫经》，卷首有版画十二幅，其中涉及蟋蟀罐六幅，其中就有“宣和盆”。此书在后世流传较广，影响及至当代，民国时期天津李大翀刊行《蟋蟀谱》，其图像部分依然采自此书（见图三、图四）。

又，生于清嘉庆朝的吴县才子顾禄，著有《清嘉录》，每月设一卷，分述吴地节令习俗并附考证，刊于道光十八年（1838年）。书成，一时传颂，甚至当时的日本国亦重锓其

图三：“宣和盆”线描图

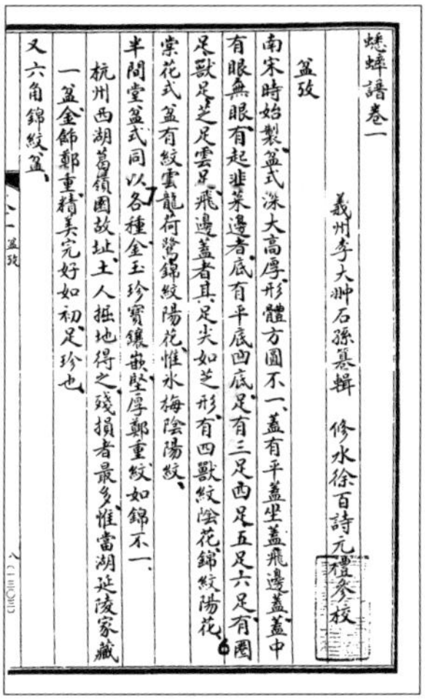

蟋蟀譜卷一　義州李大翀石孫纂輯　修水徐百詩元禮參校

盆攷

南宋時始製盆式，涨大高厚，形體方圓不一，蓋有平蓋、坐蓋、飛邊蓋，蓋中有眼無眼，有起韭菜邊者，底有平底、凹底，足有三足、四足、五足、六足，有圈足、獸足、芝足、雲足，飛邊蓋者，其足尖如芝形，有四獸紋、陰花、錦紋、陽花。

棠花式盆，有紋雲龍荷鷺錦紋陽花，惟水梅陰陽紋。

半閒堂盆式同，以各種金玉珍寶鑲嵌，堅厚鄭重，紋如錦不一。杭州西湖葛嶺園故址，土人掘地得之，殘損者最多，惟當湖延陵家藏一盆，金飾鄭重，精美完好如初，足珍也。

又六角錦紋盆

图四：李大翀刊行《蟋蟀谱》书影

版，影响不可谓不广。其卷八“秋兴”条下记述了斗蟋风习，其案语云：“陆玑《草木虫鱼疏》：‘蟋蟀似蝗而小，正黑，目有光泽如漆，有角翅，善斗。’”近年电视连续剧新版《三国》中曾出现过袁术斗蟋蟀的场景，不知是否来源于此说。

有了这些材料，是否就可以认定斗蟋活动或对于蟋蟀具备咬斗习性的认识起源于唐，甚至更早呢？显然不行，仍当深入分析考辨。

也曾有人对唐代长安的气候条件是否适合蟋蟀生存表示质疑，但这不是问题。唐代是秦汉以降气候最为温暖的一个时期，与宋代相比要温暖得多，竺可桢曾有过研究：“隋唐时代（581—907年）中，在第7世纪中期，气候变得和暖了。公元650年、669年和678年的冬季，国都长安无冰无雪。8世纪初和9世纪的初中期，西安的皇宫里和南郊的曲池都种有梅花，而且还种有柑桔。公元751年，皇宫中柑桔结实，841—847年也有过结实的记录。柑桔只能抵抗-8℃的低温，而现在的西安几乎每年的绝对最低温度都在-8℃以下。到公元11世纪初期，华北已不知有梅树了。宋朝诗人苏轼（1037—1101年）有‘关中幸无梅’的诗句。王安石（1021—1086年）嘲笑北方人误认梅为杏，他的咏红梅诗有‘北人初不识，浑作杏花看’的句子。从这种物候的常识，就可知道唐宋两朝温寒的不同。”

公元751年为天宝十载，当时长安宫中的柑桔尚能结实，恐怕今日的西安——如果是在露天的话——也难以做到，气候条件应该不是问题。但这依然只能说具备自然条件，是否曾有斗蟋蟀活动仍需认真考证。

唐代斗虫说，所据为南宋顾文荐之《负暄杂录》：“斗蛩之戏，始于天宝间，长安富人镂象牙为笼而蓄之，以万金之资，付之一啄。”

但顾文荐的这则笔记经深入分析却是一则伪史料，未可依据。理由有三：

第一，与更早的记录相抵牾。

有关唐宫蓄养蟋蟀的记录，更早的是五代王仁裕的《开元天宝遗事》：“每至秋时，宫中妃嫔辈，皆以小金丝笼捉蟋蟀闭笼中，置之枕函畔，夜听其声。庶民之家皆效之也。”

王仁裕的这则记录只言及夜听其鸣，并未言及有斗蟋之事。

王仁裕生于公元880年，为唐晚期僖宗广明元年，此时距大唐的覆亡尚有二十七年；殁于后周世宗柴荣之显德三年，即公元956年。《旧五代史》《新五代史》均有其传。此人少不知书，以狗马弹射为乐，年二十五始就学，以文辞知名秦陇间。后随唐废帝于军中，凡传谕檄文、书函、诏令，多出其手。又工诗文，通音律，以文名知于五代。《开元天宝遗事》共计159条，记宫中琐闻杂事，尤留意宫内外风俗习尚。王仁裕生活的年代，距天宝年间（742—755年）已逾一个多世纪，所记唐明皇、杨贵妃以及其他王公贵族之事，亦不免得自耳闻。但毕竟相隔未久，其人又有相关宫廷经历，其言论尚有可信的成分。

唐明皇因独宠杨贵妃而闻名，白居易《长恨歌》中有“后宫佳丽三千人，三千宠爱在一身”之句，即言此事。大批后宫佳丽寂寞守空房，夜以蟋蟀鸣唱相伴，应是合乎情理的事情。

《负暄杂录》作者顾逢，即顾文荐，字郡际，号梅山樵叟，其生卒年不详，宋代吴郡（今江苏苏州）人。尝学诗于周弼，擅长五言诗，与陈泷、汤仲友、高常齐名，在宋末元初有“苏台四妙”之称，为南宋入元人士。其师周弼（1194—1255年），字伯弜（又作伯弼）、正卿，汝阳（今河南汝南）人，祖籍汶阳（今山东汶上），周文璞之子。诗书画皆工，尤擅画墨竹，为宋宁宗嘉定间进士。周弼长贾似道（1213—1275年）约二十岁，顾文荐则大约小于贾似道二十岁。

《负暄杂录》成书当在贾似道专权期间或之后，贾似道

图五：笼养蝈蝈

引领过南宋后期斗蟋蟀的风气。贾似道专权是在理宗、度宗之际，约略为13世纪中期，此时去天宝年间（742—755年）已逾五百年。有如今日言明代后期事，从情理上推，后人很难比前人所知更详。况以王仁裕之性格，“少不知书，以狗马弹射为乐”，斗蟋之戏较之夜听虫鸣，更具戏剧性，也更符合其趣味，倘有此事，焉有不记之理？更多的可能是顾文荐依据王仁裕的记载，有感于当时临安奢靡之情形，借古人说事，所谓曲笔，以讽时政。

第二，《负暄杂录》所述，器用不合。

王文、顾文所记，一鸣、一斗，唯有一点相合，就是豢养蟋蟀的用具皆为“笼”，有类今日民间应季时之笼养蝈蝈。值得注意的是“笼养”这种方式（见图五）。

晚清重臣张之洞因提出“中学为体，西学为用”之说而名噪士林，但时人亦有批评颇耐人寻味，云：以牛之体为马之用，或以马之体为牛之用，实为大谬，盖因其不合物理也。

凡养虫之人皆知，斗蟋为阴虫，畏光喜暗，又不能长时间缺水，以盆罐养虫，亦需捶以土底，其目的就在于保潮。以笼养方式养斗蟋，命亦不久。即使饲之水菜，亦恐斗性尽失。夜间听听叫，或许可行，若言之斗，则未可。虽然南宋晚期作品《西湖老人繁盛录》言及南宋末年临安街头售蟋蟀事，提及乡民用瓦盆、黑退光漆笼等物盛蟋蟀以售，但仅是售而已，当非平日豢养之器具。今日各地蟋蟀市场亦有以竹筒盛蟋蟀以售的习俗，并不能说明也有人以竹筒豢养蟋蟀。

唐明皇宫中豢养的只可能是鸣虫。因为斗蟋一经豢养，其咬斗的习性极易发现。从情理上讲，误将或故意将两只或更多小虫装于同一容器是极有可能发生的事，我们幼时就做过类似的事。古人，即便是成年人，也未必不做同样的事。如果确为斗蟋，发展出斗蟋之戏，并引以为乐，实在是很自然的事。但王仁裕的记述显然未及于此。

使用瓦盆或陶盆养虫，是蟋蟀从鸣虫中剥离出来成为斗虫的一个重要标志。陶盆不利于欣赏蟋蟀的鸣唱，但有利于蟋蟀的静养及延寿。所以一旦有斗蟋出现，随后必有相应的器物配合。

所以，王仁裕所记笼养鸣虫，夜听其唱是合理的，而顾文荐所记笼养斗蟋之事，凡养斗蟋蟀之玩家，皆可知甚不合理。

第三，缺乏其他相关文献的支持。

“渔阳鼙鼓动地来”，天宝末年藩镇之乱，史称“安史之乱”，是大唐由盛转衰的标志性事件。唐明皇与杨贵妃非同一般的关系成为由头，裹挟其中，其悲剧性结局，亦是世人关注的焦点。白居易《长恨歌》因此成为千古绝唱。唐诗浩如烟海，被视为“诗史”，涉及唐代社会生活的方方面面，诸如斗鸡、马球等风习都可以在唐代诗文中见到。与斗蟋最为类似的斗鸡，李白的诗中就提及数次，杜甫、孟郊、韩愈的诗中也多次提及。

《诗经》名物考，至唐已成风气，知识阶层对动植物的关注和考察，至唐代已较深入地展开。即便有关蟋蟀的斗性，民间的认识有可能早于知识阶层，但也不可能相隔太久，以至于文人著述中全无反映，但终唐一朝，不见著录。

唐人诗歌提及蟋蟀仍是感秋之言，无一句提及“斗”蟋。号称“诗圣”的杜甫恰好经历了安史之乱，其诗句“朱门酒肉臭，路有冻死骨”，因表达了知识阶层对为富不仁者的悲愤心情而名传千古。倘当时长安富人“以万金之资，付之一啄”，想必于杜诗中亦会有反映。杜甫的诗中确曾提及蟋蟀，但仍不出悲秋之情怀：

促织甚微细，哀音何动人。
草根吟不稳，床下夜相亲。
久客得无泪，放妻难及晨。
悲丝与急管，感激异天真。

稍晚于杜甫的白居易亦有咏蟋蟀诗：

> 闻蛩唧唧夜绵绵，况是秋阴欲雨天。
> 犹恐愁人暂得睡，声声移近卧床前。

情调亦与杜诗相近。白居易甚至有过《禁中闻蛩》诗，说的就是宫中之事，诗曰：

> 悄悄禁门闭，夜深无月明。
> 西窗独暗坐，满耳新蛩声。

也未曾提及有斗蟋之事。

王仁裕生活的时期贯穿五代，亦未提及五代时有斗蟋风尚。甚至几乎全部北宋诗词，亦无一句提及。从以上情形，可知顾文荐《负暄杂录》有关唐代斗蟋之言不能视为信史。

至于《清嘉录》所云陆玑的《草木虫鱼疏》，更难以采信。陆玑为三国时吴人，此书开《诗经》名物考证之先河，后世多有仿此体例者。但有关此书作者及内容，后世亦多有争议。《隋书·经籍志》著录《毛诗草木鸟兽虫鱼疏》两卷，乌程令吴郡陆玑撰。而《唐书·经籍志》所载，未著卷数，记为陆机著。此陆机即是以《文赋》而闻名天下的晋代文豪，其《平复帖》为今日所能见到之最早的古人墨迹。两人一为三国人，一为西晋人，年代倒也相去未远，可归为魏晋这个大的时期。就研究斗蟋史而言，作者及年代之细微之争可以存而不论，总之为三国、两晋时期。我们姑且称之为《陆疏》。问题在于后世所能见到的《陆疏》文本并不十分可靠。洪湛侯在《诗经学史》中总结说：《四库全书》收录此书时，其《总目》曰“原本久佚，此本不知何人所辑，大抵从《毛诗正义》中录出”。但余锡嘉并不同意如此看法，认为“今本《陆疏》所存之文，多为《毛诗正义》所未引，纵为后人掇辑，亦不得谓其纯出于《诗疏》”。此说可谓持平之论。

我们可以将《陆疏》对同类直翅目草虫的不同记述做一比较：“螽斯，蝗类也，长而青，长角，长股，股鸣者也，或谓似蝗而小，斑黑，其股似玳瑁文，五月中以两股相搓而鸣，闻数十步。”对照蟋蟀“有角翅”的描述，可知《陆疏》对螽斯的认知显然有误，螽斯就是我们俗称的蝈蝈，与蟋蟀同属于昆虫纲直翅目，其鸣叫机理是一样的。如果有过近距离的观察，可以很简单地发现其鸣叫源于翅，而非大腿。可以推知：第一，著者当是以在野生环境观察所得印象述之，而非豢养从而得以近距离观察所得出的结论。第二，有关蟋蟀的描述，虽未言其鸣，但有关角翅的记述已与螽斯大不相同，对于同类的虫，却有如此不同的认识，似非出自同一作者之手。

由是推之，《陆疏》在流传、刊刻的过程中，是经过代代累加而成，有关知识和见解，并非原著者成书时一次性完成。至于何时加进有关蟋蟀咬斗的认识，难以考辨，至少是要在南宋《尔雅翼》之后。《清嘉录》所引内容显然是后代累加之后的文本。

那么北宋就有斗蟋风习吗？我们依然不能找到确切证据，反倒从旁证上可以推测北宋并没有斗虫风习，至少尚未形成较普及的斗蟋风习。

蟋蟀亚种很多，皆有鸣唱习性，为的是招雌交配或宣誓领地主权，但并不是都可以用作打斗观赏。比如长颚蟋，北方俗称作“尖嘴”，南方称为“猴子”，与蟋蟀极其类似，但是基本不斗，偶斗也不好看；棺头蟋，北方称为“棺材头”，虽也会为争雌、争穴而打斗，但用的却是角抵的方式；“油葫芦”也咬斗，但是体形过大，打斗凶狠而不精彩。真正具备观赏性打斗的唯斗蟋一种。

斗蟋能成为游戏一定是对蟋蟀有了一些认识才可能的事，这有赖于捕捉和豢养。蟋蟀一经豢养就可以进行近距离的观察，蟋蟀的生物特征则很容易观察清楚，至少其鸣叫的方式很容易发现。

但我们却不能从北宋学者的著述中看出这种发现。

陆游的祖父陆佃（1042—1102年），与苏轼几乎同年，元祐初（1086年）亦曾与黄庭坚同处中枢，编订《神宗实录》。

陆佃喜考据，著《埤雅》，成书约在宋绍圣二年（1095年），其子陆宰在序中说：“先公作此书，自始迨终，仅四十年，不独博极群书，而农父牧夫、百工技艺，下至舆台皂隶，莫不诹询，苟有所闻，必加实验，然后记录，则其深微渊懿，宜穷天下之理矣。”陆佃享年六十一岁，成书时已是五十多岁，而此书的写作前后四十年，可谓花了一生的精力。

《埤雅》中的蟋蟀条目，凡三百余字，未言及蟋蟀有咬斗的习性，亦未言及蟋蟀的鸣叫，主要还是在考据名称的沿革及意义。但在“螽斯”条下，言螽斯的鸣叫，依然沿袭“搓两股而鸣”的说法。可知陆佃对昆虫的生态特性并不了解。

《清嘉录》所记《草木虫鱼疏》之内容，部分来源于此。

如果苏轼、黄庭坚果真有过斗蟋蟀的经历，那么对蟋蟀的咬斗习性和鸣叫机理都会有正常的了解。陆佃终生关心此类事情，且广为人知，又与黄庭坚同朝为官，亦与苏轼、黄庭坚同列元祐党人，却对此一点也不知道，岂不是一件奇怪的事？查阅苏轼、黄庭坚诗文集，言及蟋蟀者有，但言及斗蟋则无。

苏轼咏促织诗：

月丛号耿耿，露叶泣漙漙。
夜长不自暖，那忧公子寒。

也不出感时悲秋之类。其《秋怀二首》：

苦热念西风，常恐来无时。
及兹遂凄凛，又作徂年悲。
蟋蟀鸣我床，黄叶投我帷。
窗前有栖鹏，夜啸如狐狸。
露冷梧叶脱，孤眠无安枝。
熠燿亦求偶，高屋飞相追。

……

其《送刘寺丞赴余姚》：

中和堂后石楠树，与君对床听夜雨。
玉笙哀怨不逢人，但见香烟横碧缕。
讴吟思归出无计，坐想蟋蟀空房语。
明朝开锁放观潮，豪气正与潮争怒。
银山动地君不看，独爱清香生雪雾。
别来聚散如宿昔，城郭空存鹤飞去。
我老人间万事休，君亦洗心从佛祖。
手香新写法界观，眼净不觑登伽女。
余姚古县亦何有，龙井白泉甘胜乳。
千金买断顾渚春，似与越人降日注。

可见苏诗所用意象亦未超出《豳风·七月》的范围。

黄庭坚亦有提及蟋蟀的诗，其致苏辙的诗《秋思寄子由》：

黄落山川知晚秋，小虫催女献功裘。
老松阅世卧云壑，挽著沧江无万牛。

所用的亦不过促织的意象。

如果苏轼、黄庭坚确曾有过斗蟋蟀的经历，是不可能在诗文笔记当中一点痕迹都没有的。所以只能认为这两人并未玩斗过蟋蟀。

再则，从情理上说，斗蟋蟀毕竟属于闲情逸致，琴棋书画、花鸟鱼虫，虽说属于文人趣味，虫亦忝居其末，但这个虫严格说起来指的是鸣虫。南宋理学盛行，斗蟋毕竟属于玩乐之属，也只有贾似道这种权倾一时的人有胆量破除藩篱，不畏士人言论和攻讦，赏玩蟋蟀不止，并辑录蟋蟀谱。如果苏轼、黄庭坚、宋徽宗等人曾有斗蟋之戏，贾似道也必将援引以为呼应，至少可以堵了士人的嘴。但是传为贾似道辑录的蟋蟀谱却不曾提及。而且明清以来的蟋蟀谱除了我们前面提及的严步云援引的《蟋蟀谱》外，皆不提此事，可知此事不确。当代的某些著述中有提到苏轼、黄庭坚斗蟋蟀的，并指苏轼有诗句："两尾长长尖如针，闻名尽说两头枪"，但不见于苏轼诗集，应当是后人演绎。且此诗句颇类"济颠和尚瘗促织鹧鸪天"，是以五代名将王彦章喻蟋蟀之勇，其中有"促织儿，王彦章，一根须短一根长。只因全胜三十六，人总呼为王铁枪……"王彦章，五代时后梁名将，字贤明（一作子明），郓州寿张（今山东梁山西北）人。朱温建后梁时，彦章以功为亲军将领，历迁刺史、防御使至节度使。他骁勇有力，每战常为先锋，持铁枪驰突，奋疾如飞，军中号为"王铁枪"。而此诗最早见于明万历刊本《鼎新图像虫经》，而早于此本的嘉靖本《秋虫谱》尚未有此诗，可知此诗出自明嘉靖之后的一段时间，也可能就在万历一朝。又有将蟋蟀之"五德"归于黄庭坚的总结，亦属臆断。五德说在明代谱乃至清代早期谱中均不见著录，其发明非常晚近。亦见于严步云《蟋蟀谱》所辑录之清乾隆冯雾云的本子，云蟋蟀有五德：

鸣不失时，是其信也；
遇敌必斗，是其勇也；
寒则归宇，识时务也；
伤重致死，是其忠也；
败则不鸣，其知耻辱也。

北宋之时，北方的气候条件虽说有变冷的趋向，但大致上还可以适合蟋蟀生长。竺可桢认为北宋的气候条件与唐代相比发生了剧烈的变化。但张全明近年来的研究认为北宋大致上还是唐代温暖期的余续，气候变化最为剧烈的时期是在徽宗初期："建中靖国元年前后，该地（开封）气候突然发生明显变化而进入新的寒冷期。尽管这里的气候在徽宗、钦宗年间曾出现过由温暖期向寒冷期的突变，但总体上是一个渐进变化过程。"建中靖国是徽宗即位后的第一个年号，元年为1101年，这一年苏轼辞世。

宋史专家宋民生大致认可张全明的这个看法，不过这和竺可桢所看到的极端事例也并不矛盾。竺可桢在文章中说："12世纪初期，中国气候加剧转寒。公元1111年，太湖全部结冰，冰上还可以通车。太湖和洞庭山出了名的柑桔全部冻死。杭州落雪频繁，而且延到暮春。"当然最冷的日子可能是在南宋："根据南宋的历史记载，从公元1131—1260年，每十年降雪平均最迟日期是4月9日，比12世纪以前十年的最晚春雪约推迟一个月。公元1153—1155

年，苏州附近的南运河冬天结冰。公元1170年10月，北京西山遍地皆雪。现在，这种现象是罕见的了。福州是中国东海岸生长荔枝的北限，一千多年来，曾有两次荔枝全部死亡，一次在1110年，另一次在1178年，均在12世纪。”

从这些记录看，宋代南方地区的气候条件与今日京冀鲁一带相类，出虫还是可能的。但是北方地区则有问题，有可能超出了出虫的温度下限。即便有虫，也不会太兴盛，有如今日之辽东半岛或山西口外地区。

南宋贾似道所在的那个时期是两个极冷期之间相对稍微温暖的时期，据竺可桢的研究：“12世纪刚结束，杭州的冬天又开始回暖。公元1200年、1213年、1216年和1220年，杭州没有冰和雪。那个时候，北京的杏花也是在清明开放，与今日相同。这种温暖气候好像继续到13世纪的后半叶。因为自隋唐在河内（今河南博爱）、西安和凤翔设立的管理竹园的竹监司，在宋元两代断断续续，直到明朝末年才完全停止。从此，竹子在黄河以北不再作为经济林木而培植了。”

贾似道生于1213年，死于1275年，正是相对较为温暖的时期，也是斗蟋活动在南方较为普及的时期。但贾似道蟋蟀谱未曾提及唐代斗蟋蟀之说，盖因此时顾文荐《负暄杂录》尚未问世，世间尚没有唐代斗蟋的说法。《负暄杂录》在成书之际流传并不广，后经元末明初陶宗仪收录于《说郛》始得传诸后世。但陶宗仪编成《说郛》后不久就病死，其抄本被松江文士数家收藏，社会上并无刊刻本，故基本没有流传的可能。成化十七年（1481年），六十五岁官居湖广副使的郁文博罢官归松江，在龚某家见到，细阅，觉得“是书搜集万事万物，备载无遗，有益后人”，但又发觉抄录者马虎潦草，字多讹缺，遂于“万卷楼”逐一校勘，费时近十年，重新编成100卷。明末清初，云南姚安人陶珽又对《说郛》加以增补，编成120卷。陶珽自署黄岩，是宗仪的远孙。此书自此始为流传。所以清代人的谱系才有可能援引《负暄杂录》有关唐代斗蟋的说法，而宋人乃至明人却从不见提及。

明谱中以及《万历野获编》都曾提及宣和盆，似指北宋末年已有斗蟋活动，亦不可不加考辨。

有关北宋末年东京汴梁的情况，记录最详细者莫过于《东京梦华录》，其作者孟元老在《自序》中说，他于崇宁二年（1103年）随父亲来到汴京（今河南开封），在京居住二十三年，靖康之变后南迁。

靖康之难，北宋覆亡，中原人士大多随朝廷南下，避地两浙，孟元老亦是南渡者之一。当此家国巨变之际，其心情可想而知。周煇《清波别志》中说“绍兴初，故老闲坐必谈京师风物”。

这种情况非独南宋，后代亦然。唐鲁孙是珍妃的侄孙，1948年被派往台湾主持烟厂。1949年后，唐鲁孙滞留台湾，自此与大陆隔海相望，晚年于报纸副刊撰写了大量回忆大陆尤其是老北京的文章，于旧时风物津津乐道，在台湾风靡一时。

孟元老亦类似。避地江南的数十年间，寂寞失落中也时常暗想当年东京繁华，怅然中提笔追忆东京当年景象，编次成集，于南宋绍兴十七年（1147年）撰成《东京梦华录》。京城的内外城及河道桥梁、皇宫内外官署衙门的分布及位置、城内的街巷坊市、店铺酒楼、朝廷朝会、郊祭大典，当时的民风习俗、时令节日、饮食起居、歌舞百戏等，几乎无所不包，所述极细，甚至提及市井“买虫蚁”“养犬则供饧糟，养猫则供猫食并小鱼”，亦曾提及有“刘百禽弄虫蚁之戏”，但是没有提到“斗蟋蟀”。此书卷六至卷十专门讲述节令习俗，所言甚细，与秋兴有关的条目有立秋、秋社、中秋、重阳，但无一句提及斗蟋之戏。可知当时东京城民间很有可能并无斗蟋习俗。

与此相印证，李清照南渡后心情郁闷，曾回忆当初的各类赌博游戏，作《打马图序》：

> 慧则通，通则无所不达；专则精，精则无所不妙……夫博者无他，争先术耳，故专者能之。予性喜博，凡所谓博者，皆耽之，昼夜每忘寝食……自南渡来，流离迁徙，尽散博具，故罕为之，然实未尝忘于胸中也。
>
> 今年冬十月朔，闻淮上警报，江浙之人，自东走西，自南走北，居山林者谋入城市，居城市者谋入山林，旁午络绎，莫卜所之。易安居士亦自临安溯流，涉严滩之险，抵金华，卜居陈氏第。乍释舟楫而见轩窗，意颇适然。更长烛明，奈此良夜乎。于是乎博弈之事讲矣。且长行、叶子、博簺、弹棋，世无传者。打揭、大小猪窝、族鬼、胡画、数仓、赌快之类，皆

鄙俚，不经见。藏酒、樗蒲、双蹙融，近渐废绝。选仙、加减、插关火、质鲁任命，无所施人智巧。大小象戏、弈棋，又惟可容二人。独采选、打马，特为闺房雅戏……

李清照自云“予性喜博，凡所谓博者皆耽之”，可知易安除却诗词一道精专，也还嗜酒、嗜赌。但是她也没有提及斗蟋之戏。

由上两则，可知斗蟋活动在北宋市民社会中很有可能并不存在，至少是不普及。

第二章
可考的斗蟋时代

1127年，汴梁城陷落，北宋覆亡。

1132年，金人北去，南方地区在经过了数年的战乱之后，渐次安定。1138年，南宋决定定都临安，称为“行在”，也就是临都，表明其心志仍在收复北方故土，实则皆知其事已不可为。1141年，秦桧和议成功，赵构向金主称臣，年纳岁币银捐各二十五万，定以淮河为界。自此南宋才算是安定了下来，保持了二十年的和平。

未几，有关斗蟋活动的文字记录忽然出现了，举凡诗词、著述、器物，一应俱有。著述中最早确定无疑地记录了蟋蟀咬斗习性的当属罗愿。

罗愿，生于南宋高宗时代之1136年，他属于金人北撤后出生的第一代人，他出生时，南宋朝廷尚飘摇不定。罗愿是孝宗乾道二年（1166年）进士，此时罗愿三十岁，距陆佃辞世已五十四年，距北宋覆亡业已近四十年。

罗愿于淳熙元年（1174年）著《尔雅翼》，卷二十五“释虫二”记莎鸡、蟋蟀等十种生物。

其“莎鸡”条记曰：“莎鸡，振羽做声……”“蟋蟀”条：“似蝗而小，正黑有光泽。一名蛬，一名蜻蛚，一名促织。以夏生，秋始鸣……然今蟋蟀有生野中及生人家者，至岁晚则同尔。好吟于土石砖甓之下，尤好斗，胜辄矜鸣。其声如急织，故幽州谓之促织……”（黄山书社，1991年，第259页—260页）

这是现有文献中关于蟋蟀咬斗习性最早、较为可信的记录了。并且与陆佃《埤雅》相较，“莎鸡”振羽而鸣与搓两股而鸣，大异其趣，高下立判，对蟋蟀的自然生态也有了切实的认识。

蟋蟀虫卵，立夏后孵化，经七次脱壳，至立秋前后而为成虫，成虫后始有鸣翅。罗愿的认识显然已经贴近事实了，当属近距离观察的结果。

文中所提及的幽州，在宋代的语境中当指今日北京一带。

与此相呼应，宋词中也开始出现有关斗蟋蟀的记述，比如姜夔的《齐天乐》，词前并有小序：

> 丙辰岁，与张功父会饮张达可之堂，闻屋壁间蟋蟀有声，功父约予同赋，以授歌者。功父先成，词甚美。予裴回茉莉花间，仰见秋月，顿起幽思，寻亦得此。蟋蟀，中都呼为促织，善斗。好事者或以三二十万钱致一枚，镂象齿为楼观以贮之。

词曰：

庾郎先自吟愁赋，凄凄更闻私语。露湿铜铺，苔侵石井，都是曾听伊处。哀音似诉，正思妇无眠，起寻机杼。曲曲屏山，夜凉独自甚情绪？

西窗又吹暗雨，为谁频断续，相和砧杵？候馆迎秋，离宫吊月，别有伤心无数。豳诗漫与，笑篱落呼灯，世间儿女。写入琴丝，一声声更苦。

词后复有自注：“宣、政间，有士大夫制《蟋蟀吟》。”

丙辰岁，当为宋宁宗二年，即公元1196年。当时，姜夔似已为张鉴（张平甫）之清客，客居杭州。此时距《尔雅翼》成书已有二十余年，去北宋覆亡七十年。

中都，所指何处不明。北宋之初，究竟定都何处曾有过争议，后来选择了毫无自然屏障的开封，还是很理智的。相对于西晋的都城洛阳，开封地理上偏东，五代时除了后唐建都洛阳，后梁、后晋、后汉、后周都是以开封为都，所以东京也是五代时开封旧有的称呼。北宋初年将洛阳定为西都；真宗景德三年（1006年），又将赵匡胤的龙兴之地宋州（今河南商丘）改为应天府，并于大中祥符七年（1014年）正式建号南京。庆历二年（1042年），为抵御辽国的进逼，又将大名府定为北京。但这都是北宋旧事，在南宋的语境下，中都究竟是指哪里？姜夔、张功父（张镃）之唱和似当是在杭州，特别指出“中都呼为促织”，所指应该至少不是杭州本地。加之《尔雅翼》曾提及“豳州呼为‘促织’”，古豳州是指今咸阳北部，唐代改称邠州。似乎“促织”是北方人对蟋蟀的称呼，那么“中都”应该指的是北地。姜夔作此词时，汴梁（今河南开封）已沦为金人领地，当时的都城已是临安（今浙江杭州），早已在应天府之南，那么“中都”指商丘应天府也是可能的。但究竟指东京汴梁还是应天府，不能确知。倒是金国海陵王完颜亮1153年迁都燕京，改称“中都”，即今日之北京。姜夔所提及的“中都”是否就是指北京，余才疏学浅，对当时的语境、习惯称呼不熟悉，亦难以断定。

前序提及斗蟋事，“好事者或以三二十万钱致一枚”并未申明是北宋之事，也许指的就是作者生活的时代。但词后所加小注说：“政、宣间，有士大夫制《促织吟》。”政、宣指的是政和、宣和，皆为徽宗年号，故而很容易被理解为前序所述也是北宋事，这是导致混乱和误读之处。注中所提到的《蟋蟀吟》，今无传，明清以来的文献亦不见引用，其中提及的究竟是鸣虫还是斗蟋，今已不可考，但终归表达出士大夫阶层对蟋蟀的特别关注。其意义究竟为何，我们以后还会提及。北宋欧阳修《秋声赋》倒是千古名篇，但是未曾提及蟋蟀。

序中所云“镂象齿为楼观以贮之”等语，则仍可见《开元天宝遗事》的影子，但与“善斗。好事者或以三二十万钱致一枚”并提，似有时空穿凿，将唐宫之鸣虫于当世之斗虫混为一谈之嫌。

由此并结合词义看，姜夔本人没有斗蟋蟀的经历，对此道也并不十分熟悉，其作品仍不离去国感伤之情怀。但姜夔毕竟名士，影响所及，非其所能逆料。半个多世纪以后，顾文荐可能就是依据此语，合并王仁裕《开元天宝遗事》的记述，演绎出了唐代开元天宝年间长安贵人以千金之资付之一啄的斗蟋记录。

与姜夔唱和者张功父，即张镃，亦名功甫，与张鉴为同父异母的兄弟。张镃的曾祖父张俊是北宋晚期名将，曾与岳飞、韩世忠并称三大将。张俊因率先交出兵权，逃过了南宋初期对武将的迫害，高宗赵构对此老臣亦礼遇有加，赐田无数。张俊富极一时，曾有宴真宗菜单流传，极尽奢华，后殁于1154年，此时张镃尚为幼童。

张功父好风雅，曾从陆游学诗，与辛弃疾、杨万里等人亦有交游、唱和。

从词中内容看，此人少年时倒是曾有玩斗蟋蟀的经历。其《满庭芳・促织儿》词曰：

> 月洗高梧，露溥幽草，宝钗楼外秋深。土花沿翠，萤火坠墙阴。静听寒声断续，微韵转，凄咽悲沉。争求侣，殷勤劝织，促破晓机心。
>
> 儿时，曾记得，呼灯灌穴，敛步随音。满身花影，犹自追寻。携向华堂戏斗，亭台小，笼巧妆金。今休说，从渠床下，凉夜伴孤吟。

词中明确提及“携向华堂戏斗”，也提及了蟋蟀鸣叫呼雌这类习性，以及“呼灯灌穴”“敛步随音”等捕捉蟋蟀的细节，可知张镃是曾玩过蟋蟀的。及至南宋末期，张家的规模之宏大仍为社会上的谈资，周密《齐东野语》称“其园池、声妓、服玩之丽甲天下”。估计张镃逮蛐蛐，在自家后花园即可，不必去荒郊野岭。

张镃生于1153年，词中有“儿时，曾记得”之句，则必在1160年前。1161年至1164年，金国皇帝完颜亮亲率六十万大军，分四路大举南侵。采石之战发生在1161年，金国之水军由苏保衡、完颜郑家率领，由海道直取临安，意在一举灭亡南宋。双方战于采石，宋军多次大败金军。完颜亮见渡江失败，只得退回和州，后逃往扬州。完颜亮的严酷导致金内部矛盾激化，为部将完颜元宜所弑。在这期间，金人的大举入侵导致南宋人心惶惶，不太可能有人斗蟋蟀。1164年之后，张镃已是十几岁，当称“少时”，而不会称“儿时”。

罗愿《尔雅翼》成书是在1174年，王应麟《后序》称以咸淳庚午刻此书。咸淳为度宗年号，咸淳庚午已是1270年，距成书已近百年。姜夔、张镃唱和，当时尚为1196年，《尔雅翼》虽已写成但尚未行世，显然张镃不可能见到此书。罗愿是徽州歙县人，历任鄱阳知县、赣州通判、鄂州知事，人称罗鄂州，其生活范围主要在安徽、江西、湖北，并不在杭州一带。这说明罗愿与姜夔、张镃等人没有知识上的相互借鉴，而是分别接触到斗蟋活动的。甚至贾似道可能也没见过此书，此书行世五年后，贾似道被刺杀。

大约同一时期，或许还要略早一点，叶绍翁《夜书所见》也提及蟋蟀，诗云：

萧萧梧叶送寒声，江上秋风动客情。
知有儿童挑促织，夜深篱落一灯明。

叶绍翁，字嗣宗，号靖逸，龙泉人。原姓李，祖父李颖士为北宋政和五年（1115年）进士。建炎三年（1129年），高宗自越州（今浙江绍兴）南下，将至明州（今属浙江宁波）。李颖士获悉即秘密地做接待准备。金兵渡钱塘江追高宗于明州，李颖士急募乡兵数千，高竖旗帜，严阵以待。金兵乍到，见此情景，不知宋兵虚实，地形又不熟，不敢贸然进军，使高宗得以从定海驾舟安全转移。李颖士遂升为越州通判、大理寺丞、刑部郎中。李颖士后因赵鼎党事被贬。绍翁因祖父关系受累，为避祸，少时即过继给龙泉叶姓为子。

赵鼎（1085—1147年），字元镇，绍兴年间几度为相，后因反对和议，为秦桧所构陷，罢相，出知泉州，旋谪居兴化军，移漳州、潮州安置，再移吉阳军。赵鼎在吉阳三年，知秦桧必欲杀己，自书铭旌曰："身骑箕尾归天上，气作山河壮本朝。"不食而卒，年六十三。事在1147年。

叶绍翁生卒年不详，但从其家族经历约略可以推断出他的生年。

赵鼎因反对议和为秦桧构陷，罢相而出知泉州，为绍兴八年十月，即公元1138年末。叶绍翁的祖父李颖士因赵鼎党案被牵连，乃至于将年少的孙子过继别家以避不测，故而叶绍翁当生于1138年之前的几年之内，当与生于1136年的罗愿大致同龄。最迟也不会迟于1142年，乃因1142年朝廷颁旨，赵鼎和王庶被排除在以后所有的大赦之外，赵党人人自危。叶绍翁被过继给别家，最下限也不会迟于那年。叶绍翁较之姜夔、张镃还是要年长，但也属于同一时期的人物。叶绍翁于光宗至宁宗期间，曾在朝廷做小官，与真德秀过从甚密，亦曾长期隐居钱塘西湖之滨。但似乎与张功父、平甫兄弟过从不密，未见诗词唱和，不过彼此应该是认识的。

《夜书所见》作于何年不详，与姜夔《齐天乐》相较，都有“篱落”之句。从文义上看，叶绍翁“知有儿童挑促织，夜深篱落一灯明”似乎较之姜夔“笑篱落呼灯，世间儿女”要早。从叶绍翁所著《四朝闻见录》看，截至宁宗朝，姜夔、张镃唱和之时，尚为宁宗二年，故可知叶绍翁当时尚在世。

叶绍翁最著名的诗还是那首《游园不值》：

应怜屐齿印苍台，小扣柴扉久不开。
春色满园关不住，一枝红杏出墙来。

此诗竟至成为古诗名篇，可知叶氏为诗极其讲究，常能以简单意象而出人意表，当不至于将他人的“篱落呼灯”，拆为“夜深篱落一灯明”入己诗句。但这已是枝节问题，与讨论斗蟋活动的起始已无关宏旨。总之，在12世纪中期，斗蟋活动已然普及。

当代的考古发现也证实了这个大致的时间段。

1966年，浙江官圹桥生产大队开渠时，发现南宋墓葬，其中出土陶制蟋蟀过笼三只，“都是灰陶胎，两只为腰长形，长七厘米，两头有洞，上有盖，盖上有小纽，纽四周饰六角形双线网纹。其中一只内侧有铭文四字，残一字，

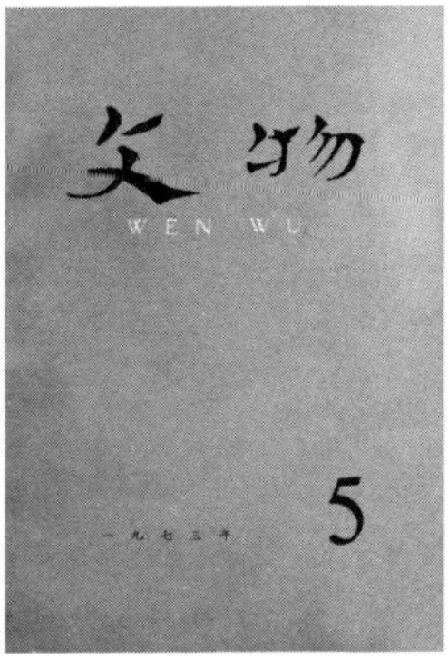

图六：《文物》杂志

图七：出土的蟋蟀过笼

‘□名朱家’。另一只为长方形，长亦七厘米，作盝顶式，顶中有一槽，槽两侧饰圆珠纹。圆珠纹外周斜面上饰斜方如意纹，一头有洞。长方形的蟋蟀过笼，一头有洞，当是捕捉蟋蟀时用的。腰长形过笼两头有洞，宜于放置圆形斗盆中放蟋蟀用的”。此报道见诸《文物》杂志1973年第5期封三（见图六、图七）。

蟋蟀过笼是为适应蟋蟀穴居的习性而设置的，有过笼在，蟋蟀就安定，主要是在养盆中使用，而不是斗盆。过笼是蟋蟀罐的附属品，不可能独立于蟋蟀罐之外而存在。蟋蟀罐的产生是将斗蟋从鸣虫中分离出来的一个重要标志。陶制蟋蟀罐因其密闭性，不利于听叫，但利于静养斗虫。后世有专门的叫罐，瓷质的居多，取其不吸音，回声响亮，盖子亦有镂空花纹。但叫罐一般形制较小，同时也不会配以过笼。出土的过笼与今日的相较，并无二致，可知今日的蟋蟀器物在南宋时已大致定型。

长方形一头有洞的蟋蟀器物，今已不再使用，可能是提虫时使用的，尤其用于提虫至斗盆，虫不至逃逸，上面有槽，方便用草将之驱出落盆。但这也只是推测，不能确定。今日常用器物中，与之较类似的是“提笼”，多为竹制或木制，有一头有洞的，也有两头有洞的。

之所以定为南宋墓葬，其依据大约在于所出土的铜钱，共计40枚，有唐钱，基本为北宋钱，其年代最下限一枚为“正隆元宝”。“正隆”是金主完颜亮于公元1156年改元的称号，相当于赵构绍兴二十六年；完颜亮于1161年被部将所弑，但铜钱的流通会延续下来。原始考古报告不获见，是否依据钱币情况定为12世纪中期不能确知。但是严格说起来，这个年限只能说明墓葬的上限，墓葬具体属于何时，实则不能以此确定。不过从墓葬结构看应是南宋无疑。

如果确如考古报告所称，此墓为12世纪中叶所建，则会出现一个问题，就是斗蟋活动究竟能不能追溯到北宋。

金人北去是在1132年，此后打打停停，战事在各处起起伏伏，直到1141年秦桧和谈成功，南宋才算安定了下来。但是也仅仅保持了二十年的和平，1161—1164年金人再次北侵。如果此墓是12世纪中叶，则此物必是墓主人生前心爱之物，但是在此之前，就算从1132年金人北撤到1161年再次来犯，中间不过二十九年。除去墓主人生前已经使用了一段时间，则剩余时间不过二十几年。如果说在这些年间人们发现了蟋蟀的咬斗习性并设计出了整套的蟋蟀养斗器物，无论如何都显得太匆忙。

第三章
有关斗蟋活动起始的推测

长久以来，由于对斗蟋活动考察的缺失，人们对此项活动的起始多来源于想象。当代著述中常有人将斗蟋的起始归为偶然发现，甚至想象为起于《诗经》的年代，以为人们关注了蟋蟀就可以发现蟋蟀咬斗的习性。据称，早期的人们农闲时在地上掘一个坑，驱蟋蟀以斗。

这种想象显然来源于不甚了解蟋蟀的人。

蟋蟀属于阴虫，喜暗畏光。蟋蟀在野地里见光则跳，或避于土石缝隙。它们也会斗，一般是为争穴、争雌，但大多也是在树根、落叶掩荫之下，于避光之处争斗，或在夜间。古时，由于照明器具效率不高，人们在夜间从容观察蟋蟀自然生态的机会不多，甚至没有，或很难实现。在自然生态下，蟋蟀天敌很多，所以它们行事极其谨慎，非万不得已绝不会将自己暴露于空旷之处。蟋蟀的六爪，前端生有两只钩刺，后端又有矛刺作支撑，故抓爬能力极强，在土底小罐中，即便翻转朝下，蟋蟀仍能抓地牢固，而不致被倾出。在野地里掘土坑，在人看来是个三面封闭的空间，有如罐体，但在蟋蟀，却如履平地；无须蹦跳，只用爬也是来去自如；若驱之斗，很难。

再则，蟋蟀于野地捉归，总要闷养数日，去其野性，令其服盆，不然开盆即跳。一般采用的办法是在黎明前亮罐，至天光微曦，虫欲蹦时则闷罐避光饲养。即使如此，性大的蟋蟀在罐中依然蹦跳不止，常有自己将头撞破者。为防止这个情况，常需在盖底加软垫。另外，过笼的使用也有防止撞头的作用。就一般性理解而言，过笼是为了适应蟋蟀穴居的习性而设，其实还有一个作用：蟋蟀为逃逸，会四处寻找机会，它们的视力很差，有感光的功能，但难以视物，其活动主要靠触须探物。蟋蟀的须长度有限，一般是探不到盖子的，所以会蹦，以期重获自由。有了过笼这段距离，蟋蟀爬上去，两须一般就可以触及盆盖，使之知道此为封闭空间，蹦跳无益而徒劳，可以减少跳罐而产生的破头现象。有过养虫经历的人就会知道，挖土坑驱虫以斗是不现实的。

就今日而言，城市里的人赏玩蟋蟀，为求好虫，逮虫逮到了农村田间地头，农民为卖钱才开始学着捕捉蟋蟀。在此之前，虽不能说农村人从不知道蟋蟀的咬斗，但是知道者也仍然是从城市人那里学来的，并不因为农村遍地是蟋蟀，农民就比城市人更早了解斗虫。盖因斗虫之戏毕竟是有闲暇之人的文化娱乐活动。虫季于农民正是三秋大忙时节，实无意关心这一微末土虫。

古今同理，最初关注蟋蟀鸣唱和咬斗的，应该是知识阶层。

任何事情的产生都有相应的理由和机缘，黑格尔说，存在的就是合理的。在我理解，这不是一个价值判断，而是一个认识论的判断，是说任何存在都有其背后的原因。以认识蟋蟀的习性而论，在欧洲是法布尔（1823—1915年），此人终其一生以探究昆虫生态为志业，遂有十卷《昆虫记》。这和当时欧洲科学大兴的风气有关，大量的人试图通过观察和实验来揭开自然之谜，也有的则是为了昭示上帝的荣光。达尔文（1809—1882年）也生活在那个时代，时代的风气为达尔文和法布尔的研究提供了充足的理由和动机。那时在中国尚为清朝，达尔文开始搭乘“贝格尔号”出海远洋及至法布尔出版《昆虫记》第一卷的时候，尚是道光至光绪年间。

那么在法布尔之前七八百年，在中国究竟是什么机缘使得人们开始认识蟋蟀习性的呢？

这可能和北宋徽宗时期的画院制度有关。

宋代的画院起始甚早，宋太祖赵匡胤在建国之初就设立了翰林图画院，先后集中了社会上的名手及五代时西蜀、南唐两地的画院画家。这里就要提及黄筌的那幅《写生珍禽图》，此图绢本设色，现藏故宫博物院，是清宫旧藏，《石渠宝笈三编》中有过著录，可知至少在清乾隆年间已是清宫藏品。此前的传承过程不详。图左下角有“付子居宝习”五字，被认为是五代画家黄筌的作品。但余以为甚为可疑，主要疑点在于此画内容所涉及的蟋蟀及其细节。此画作涉及飞鸟、虫蝶等凡24 种，其中绘有一只蟋蟀。

黄筌，生年不详，卒于965年，字要叔，成都人，为五代十国时之西蜀画家。其主要创作活动是在后蜀时期，曾供职于西蜀画院先后达四十年之久。965年，后蜀降宋，黄筌已是老人，被征召来到宋京城汴梁，当年即病死。

黄筌擅画花竹翎毛、佛道人物和山水，是一位技艺全面的画家，以画品“富贵”流传后世。

黄居宝为黄筌次子，年未四十而亡，死在了黄筌之前，当是黄筌由西蜀入宋之前的事。黄居宝的画作在《宣和画谱》中虽有著录，但一幅都没流传下来。有关居宝，人们所知不多。

但黄筌的第三子黄居寀活得较长，入宋后，仍任职翰林院待诏，深得宋太宗赵光义器重，授光禄丞，委以搜求名画，鉴定品目。如果此画当时存在，从道理上讲，应当收罗于宫中了。

黄氏父子在宋代画院花鸟画上一直居领袖地位，影响很深，北宋前期的花鸟画风多受黄氏父子影响。黄筌的画作在宋代还不少见，《宣和画谱》卷十六“花鸟二”之“黄筌”条，著录御府藏其画作三百四十有九，其中和《写生珍禽图》可能有点关联的有《写生杂禽图》《禽雀图》《草虫图》。其中后两个指向范围过窄，不可能是今天所见的图。唯前者的题目指向有些类似，但其具体内容未见著录，故《石渠宝笈》也未敢将之与《写生珍禽图》直接对等挂钩。

今传《写生珍禽图》不仅准确描绘出了蟋蟀的形态，而且画出了蟋蟀脑盖上的斗丝（见图八），这种细节若无豢养经历和近距离的观察，是无论如何也做不到的。前文提过，蟋蟀一经豢养，就可以很容易发现其咬斗的习性。宋代的画院制度贯穿始终，深得中枢重视，朝廷重臣也常有机会品书论画。如若黄筌此画当时存在，像王安石、欧阳修、苏轼、黄庭坚、陆佃这些文人是有机会见到的。

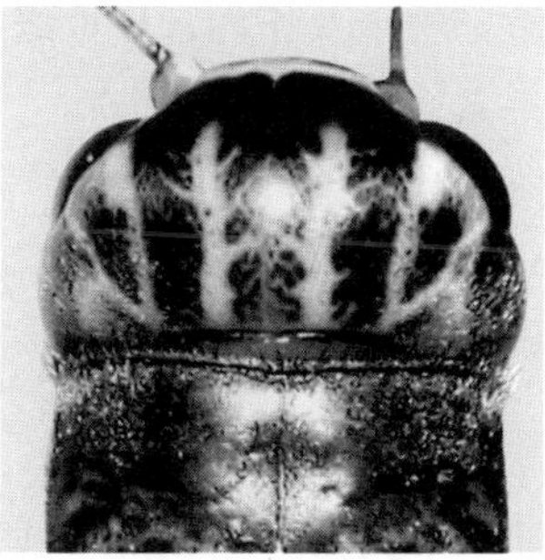

图八：蟋蟀斗丝

再者，如果黄筌曾养过蟋蟀，也就必然知道蟋蟀的习性，至少应该知道蟋蟀是以翅鸣而不是“搓两股而鸣”。这一认识也将通过黄居寀带入北宋画院。“《诗经》名物学”在当时是显学，是值得夸耀的，王安石也热衷于此。可是在苏、黄的诗文中以及陆佃这类专家那里，对蟋蟀的认知都没有超出前人。王安石曾有一首《促织》诗：“金屏翠幔与秋宜，得此年年醉不知。只向贫家促机杼，几家能有一绚丝？”取的也是“促织”之义，显然并不了解蟋蟀的咬斗习性。前文亦已提及，终北宋一朝，从未有人认识到蟋蟀有咬斗的习性。

书画作伪在北宋时已不鲜见，邓椿《画继》卷十“杂说·论近”中已然提及。可知，《写生珍禽图》很有可能是后人伪造的。

宋代的皇帝都不同程度地爱好书画，画院体制逐渐完善，规模不断扩大，尤以徽宗时最为突出。

徽宗曾于东京建艮岳园，收罗南方奇花异草、珍禽异兽，以为写生之用，是否豢养蟋蟀，不见于史料。但考察徽宗生平及作为，后世蟋蟀谱的产生却与徽宗的作为不无干系。

宋徽宗以擅长书法、绘画而著名，书法中的瘦金体即为其所创。其绘画作品亦足够称得上专业水准。

宋代画师地位之高，前所未有，此得益于徽宗。徽宗曾一度废科举，改学校，习画竟至有入翰林院者。画院的建立以及院体画风的形成，皆由徽宗一手推动，也可以说徽宗就是宫廷画院的总教习。徽宗绘画讲求写生、写实，无论奇花异草、珍禽异兽，绘画时当“一一写实”“穷其性类”。宋代界画无与伦比，张择端之《清明上河图》，其于市井人物、行当、街景器物之细节，描摹细致入微，历代无出其右者，全赖写生打底。

徽宗晚期又曾一度抑佛而扬道，崇尚自然造化，以为一切真理藏于自然万物之间，写生与描摹自然即是认知之道。

宋徽宗崇道抑佛，有一个明显的倾向就是提倡对大自然细致的观察和描摹，虽然这个风气其来有自，但是徽宗尤其提倡。史籍中有两个故事可以充分体现这一点。

据汤垕《古今画鉴》载，徽宗曾命众画师为其屏风画“孔雀升墩图”，众画师反复画，皆不合圣意，遂群向徽宗请益。徽宗曰，孔雀升墩，必先抬左脚，而诸画师所画，皆抬右脚。众画师经反复观察，果然如是，遂叹服。

《画继》卷十“杂说·论近”载：“徽宗建龙德宫成，命待诏图画宫中屏壁，皆极一时之选。上来幸，皆一无所称，独顾壶中殿前柱廊拱眼斜枝月季花。问画者为谁？实少年新进。上喜，赐绯，褒锡甚宠。皆莫测其故。近侍尝请于上，上曰：‘月季鲜有能画者，盖四时、朝暮、花、蕊、叶皆不同。此作春时日中者，无毫发差，故厚赏之。’”找来画师相询，果如其言。上有所好，下必甚焉。在这种氛围里，画师们讲求莳花弄草，豢养鸟禽，或者到大自然中直接观察，乃至请教老农、猎户。

宋郭若虚《图画见闻志》云：“花果草木，自有四时景候，阴阳向背，笋条老嫩，苞萼后先，逮诸园蔬野果，咸有出土体性。画翎毛者，必须知识诸禽体名件。”“名件”这个词，在后世的蟋蟀谱中，也不时用到，尤其是用来追述蟋蟀的斗丝，也就是《写生珍禽图》中蟋蟀脑盖上的那两条细细的纹路。

写生画到北宋末年已到了登峰造极的地步，以画花鸟知名的易元吉改画猿猴后，为了追摹猿猴的形态，在荆湖大山里与猿猴为伴生活数年，《宣和画谱》云其“与猿狖鹿豕同游，故心传目击之妙，一写于毫端间，则是世俗之所不得窥其藩也”。易元吉又尝于长沙所居之舍后开圃凿渠，“间以乱石丛篁，梅菊葭苇，多驯养水禽山兽，以伺其动静游息之态，以资于画笔之思致，故写动植之状无出其右者”。至南宋时，朱熹完善理学，其《大学章句》亦云：“所谓致知在格物者，言欲致吾之知，在即物而穷其理也。”这类认识和思想，与徽宗时代创造的氛围以及流风所及，未必没有联系。姜夔词《齐天乐》所附小注云“政、宣间，有士大夫作《蟋蟀吟》”，应当也是在这个风气之下的产物。

从当时普遍的风气考量，草虫的豢养较之观察大型的兽和翎毛类飞禽相比，相对要容易得多，成本也较低。应当就是在徽宗画院的这种氛围下，出于对写生的需要，宋代画院的画师们豢养蟋蟀并发现了蟋蟀的咬斗习性。其上限不会早于徽宗从专注政事转而醉心美术并设“书画学”学科的崇宁三年，即1104年。此时距苏轼故去已然三年，陆佃故去也已两年，只有黄庭坚还活着，活到了次年。但此时对斗蟋真正的观察可能尚未开始。

北宋覆亡后，宫廷画家流落民间，许多画家经过辗转逃亡，才逐渐集结于南宋的都城临安，先后恢复在画院中的职务。李唐、刘宗古、杨士贤、李迪、李安忠、苏汉臣、朱锐、李从训等都属于这种情况。

比如李唐，北宋覆亡时年六十，此后颠沛流离，逃往临安，以卖画度日。他被人发现并举荐，再次进入南宋宫廷，以成忠郎衔任画院待诏，时年近八十。可知其在民间生活了近二十年。刘宗古、李安忠、杨士贤、李从训都是于绍兴初年复职，绍兴年号始于1131年，可知他们在民间亦有四五年的漂泊。苏汉臣对儿童题材情有独钟，其笔下的货郎亦精细可人，可知其对民间生活有过深入的接触和观察。

北宋宫廷画师流落民间的这个阶段，却也将宫廷画院中的一些知识和积累带到了民间。大约也是在这个时期，北宋画院中对蟋蟀的认识也渐次传入民间，后世竟一发而不可收，演变成独立的社会风习和民俗景观。

有了这个铺垫，南宋早期出现斗蟋的记录就不再显得突兀，对于《东京梦华录》的“疏漏”也才能有一个合理的解释，盖因北宋末年养斗蟋蟀仅小范围地存在于宫廷画师之中，而非社会上普遍的习俗。但徽宗是否专门制有“宣和盆”用以豢养蟋蟀，则缺乏明确的证据，估计是后世的附会。后世提及此事时，皆已是明代万历中后期，即16世纪晚期，此时距徽宗政、宣年代之12世纪早期，已然是接近五百年了。试想，如果徽宗当初确曾养斗过蟋蟀，并有蟋蟀罐传世，何以整个南宋竟无人提及？当时东京陷落，北宋宫廷珍宝被金人劫掠，但金人重视的主要还是金银珠玉，对字画之类都不甚重视，好多字画就换了钱，以至于流落民间。南宋安定下来以后，高宗赵构曾专门拨款用以寻访和收购这些散落于北地的字画。假如徽宗确有蟋蟀罐，但终是陶器，也不会被金人所重视，亦当流落民间，再经民间贸易而南归。当时这样回归的北宋遗物不少。倘若有此遗物，以贾似道的权势、力量，对蟋蟀的痴迷，必罗致于半闲堂下，于他来说当非难事——那么他著谱时何以不提徽宗有秋兴之好？可知贾似道的时代尚没有徽宗本人玩虫的说法。及至明代，宣德皇帝嗜好斗蟋，野史中有不少记录，亦有因进贡上佳蟋蟀而得官者。如若确有宣和盆行世，以此进贡也未必不能得一官半职，却不见任何有关记录。宣和盆的记录出现在万历时期，这和当时市场交易的活跃以及斗蟋活动的普及有关，大致上可以视为商业目的的噱头，而非旧时实物留存，也不能证明徽宗本人有玩虫喜好。

这幅传为黄筌的《写生珍禽图》也只有在徽宗时期或之后，从对描摹对象蟋蟀所能达到的认识这个角度讲，才是有可能的。

苏汉臣曾供职于徽宗画院，从上述角度讲，台北故宫博物院所藏苏汉臣《秋庭婴戏图》，就其童子斗蟋蟀的内容而言是可能的，但是否为其亲笔则不敢妄言。

及至南宋，北宋画院所形成的写生传统依然生生不息，被奉为圭臬，比如南宋李澄叟《画山水诀》依然坚持："夫画花竹翎毛者，正当浸润笼养飞放之徒。叫虫问养叫虫者，斗虫问养斗虫者，或棚头之人求之。"此间已明确指出有"叫虫""斗虫"之别，但此类写生原则仍是徽宗时代的遗留，而李澄叟似当属于由南宋而入元的人物，那时斗蟋之戏早已风靡久矣。

第四章
南宋的斗蟋活动及对蟋蟀的认识

一　蟋蟀谱的产生

12世纪60年代（张镃少时），也就是南宋高宗末期至孝宗初期，斗蟋活动已经在较广阔的区域展开，但有关当时的斗蟋规则和人们对蟋蟀的认识，我们却知之甚少。

经过近一个世纪的经验累积，大约至13世纪中叶，也就是理宗后期到度宗时代，据说是由当朝宰相贾似道纂集了世间第一部“蟋蟀谱”，后世多称为《促织经》。对于当时的人如何斗虫，这才算有迹可循。

蟋蟀谱是否真的是由贾似道纂辑而成，不能确知，至少缺乏明确的证据可以证实，王世襄先生就不相信，他在《蟋蟀谱集成》关于“重刊订正秋虫谱二卷”之“提要”中说：“贾似道以斗蟋蟀误国，但未必曾辑此书，疑出书坊伪托。”但后世蟋蟀谱除了少数抛开原有体例的另辟蹊径者，大多数蟋蟀谱都沿袭着原有体例，也都自承是在贾似道蟋蟀谱的基础上增订而成。这似乎也真不是空穴来风。贾似道有斗蟋的嗜好是确有记录的。明代的笔记里记载葛岭贾似道府邸遗址出土过贾秋壑款的蟋蟀罐，贾似道玩蟋蟀甚至被写进了《宋史》，书中指斥他因玩虫而误国。

贾似道生于宁宗嘉定六年，即公元1213年。此时距姜夔、张镃以蟋蟀为题之诗词唱和已然过去了十七年，距罗愿完成《尔雅翼》已近四十年。

贾似道的生母胡氏为贾涉之妾，父亲死时，贾似道年仅十一岁。《宋史》中说他“少落魄，为游博，不事操行”。这大约与他少年丧父，又为庶出，在大家族里不好混有关。应该就是在这个时期，贾似道接触并且迷恋上了蟋蟀赌斗，所谓“游博，不事操行”。

及长，贾似道以父荫为嘉兴司仓。蟋蟀谱最终完成于贾似道之手，实可称为异数。正是因为他这种边缘化的出身和少年时的落魄，才有可能深入接触到民间的斗蟋风习。倘为嫡出，家教既严，又有光明正途可期，恐怕也难与蟋蟀结缘。

贾似道的发迹不能说与个人的努力无关，他参加科举考试，于嘉熙二年（1238年）登进士第，这不是件轻易能取得的事。此时贾似道二十六岁，其姐已为理宗贵妃，正得理宗宠爱，这层关系在此后一段时间贾似道的仕途上应该起了作用，他被擢为太常丞、军库监。他后来又跻身高位，却并非完全因为裙带关系。其姐于淳佑七年（1247年）故去，贾似道于淳佑九年（1249年）接任京湖制置使是由于前任临死前的推荐，而前任者是被称为南宋最后一个名将的孟珙。此事当与贾似道的才干有关，因为此任非同小可，相当于北部边防的东部军总司令。倘为庸才，名将出身的孟珙绝不可能推荐他继任。此年，贾似道三十六岁。而得此重任，为贾似道跻身中枢起到了关键的作用。

宋代，本就是一个市民化程度很高的时代。至南宋后期，斗蟋风习已极为普遍。周密《武林旧事》记南宋晚期的杭州市集，已有专做促织儿、促织盆买卖的生意行当。

就认识事物的一般规律而言，两个现象之间的一一对应关系，必得反复出现，才能形成有效观察，并由此建立一般性认识。蟋蟀特征点甚多，要一一发现主次，发现生相特征与斗品之间的必然联系并形成较为完备的体系，绝非一人一秋之力所能完成。

有了北宋宫廷画院对自然万物深入观察的铺垫，院体画风的流传和影响，乃至理学认识论的推动，及至南宋后期，通过近百年的斗蟋实践、数代爱好者经验的积累，流风所及，诸多因素加诸一身，终于出现集大成之人物，汇总前人的有效经验，并进行系统性的归纳和总结，得以形成对斗蟋色品、形态特征与斗品关系的分类研究，完成蟋蟀谱的编纂，从文化积累的角度说，也才是顺理成章的事。

通观两宋，对道教着意推崇的皇帝有两个，一个是北宋末年的徽宗，另一个就是南宋的理宗，理宗亦将理学推高到了前所未有的地位。前文提及，徽宗对道教的推崇以及对格物致知的追求，影响了北宋画院，有可能因此而衍生出对蟋蟀细致入微的观察，而在理宗朝，这种氛围则可能催化了蟋蟀谱的产生。

理宗本来得位不正，是靠史弥远的帮助而得继皇位，尤其经历了“湖州之变”，史弥远擅权亦过于招人嫉恨，太学院的学生以理学为依据，非议与质疑者不少，矛头也瞄着理宗。理宗最初可能内心并不喜欢理学家的学说，但出于对维护统治秩序的需求，出于权术，故抬高理学，给了理学家们前所未有的地位和待遇，太学生们既得尊严，又得实惠，亦顺水推舟，转而支持理宗，乃至赵昀身后得了“理宗”的谥号。

蟋蟀谱这类著述，虽也有穷追物理的意思，但终归和仕途无关，和生计的关联也不太大，正如《香谱》《梅谱》《海棠谱》之类，应当是有钱有闲之人所为。

从行世的蟋蟀谱看，其主体部分言辞多俚俗，不似文人所为，蟋蟀谱一般皆署贾秋壑纂集，可知贾似道所做也只是出于爱好，令人搜集民间歌诀，他本人或有可能撰过序言，抑或曾着手整理其间内容。这类事的确也只有贾似道这类权贵有能力调度完成。

二　贾似道与斗蟋污名化

后世史家称贾似道玩虫误国，每多诟病之。

《贾似道传》见于《宋史·奸臣传》。《奸臣传》共计四卷二十二篇：第一卷内容为王安石及同党，第二卷主要是蔡京父子，第三卷是秦桧，第四卷则为韩侂胄和贾似道。

美国历史学家蔡涵墨《历史的严妆》专门研究宋代史学，他在书中指出：“奸臣”这一特定的分类概念源自欧阳修，他在1060年修著《新唐书》时引入了这一概念，这一变革无疑与北宋强调道德价值对于理解历史的作用有关。通过对《宋史·奸臣传》总序的分析，指出了当时道德批判常常超越了对史实的尊重，“这一范式在很大程度上是朱熹以及道学运动的产物”。

《宋史》中有一段描述常常为后世所引用：“时襄阳围已急，似道日坐葛岭，起楼阁亭榭，取宫人娼尼有美色者为妾，日淫乐其中。惟故博徒日至纵博，人无敢窥其第者。其妾有兄来，立府门，若将入者，似道见之，缚投火中。尝与群妾踞地斗蟋蟀，所狎客入，戏之曰：此军国重事邪？”贾似道玩虫误国应该来源于这个记述。

常被后世引用的亦有另外一则令人发指的事例：“秋壑一日倚楼闲望，诸姬皆侍，适二人乌巾素服，乘小舟由湖登岸。一姬曰：‘美哉，二少年！’秋壑曰：‘汝愿事之耶？当令纳聘。’姬笑而无言。逾时，令人捧一盒，呼诸姬至前曰：‘适为某姬纳聘。’启视之，则少年之首也，诸姬皆战栗而退。”但此文字已非《宋史》所著，而是出自元末明初之《剪灯新话·绿衣人传》，此书是志怪小说，多言人鬼相交，属于较早列于禁毁书目者。其言为小说家言，已不可视为信史，但后人却常将其当实事引用。

史家黄仁宇在《中国大历史》中说：“当时人多不明了技术上的复杂之处，也有人对贾似道极尽口诛笔伐之能事，好像宋朝之覆亡全是他奸险及政策错误的后果。贾似道确曾在主持国计时有支吾之处，事在1259年，忽必烈之兄蒙古主蒙哥死于四川合州，蒙军后撤，忽必烈北返筹措选举大可汗事。贾似道在此时虚张声势宣称宋军大胜而居功。

传统的历史家借着这个错误和其他小事指斥他为奸臣。”其实“他是一个雍容大度而显有心计的人物，可是他既无力作战，也缺乏实力讲和，只好以一切如常的态度使人民不致恐慌”。今日想来，这种一切如常的态度，大约也包含了每年秋季如期举行的斗蟋活动。

以我们今日来看，贾似道为官确有裙带关系的因素，得享高位。其治国政策也为时事所逼，多出于应付，但也不是全无作为。理宗召贾似道入朝，实出于对原左右丞相及其措施的不满，贾专权之后，禁绝宦官干政和外戚弄权，使内外肃然。后继行公田法，买公田似乎亦是无奈之举。乃因当时抽税与印钞两种办法都已用到极端，纸币通货膨胀已至米一石要值钱一百万，硬通货贬值业已超过三百倍，军需以及朝廷开支已难以解决。贾以自己良田万亩为先倡，由政府强迫购买民间私田。办法是每户超过200亩至300亩之外土地的三分之一，政府以极低的价格收购，租给农户耕种，佃租全由政府取得以充军粮，亦可回收楮币，缩减市场楮币的流通量，这对下层百姓是有利的。此举相当于抽取大户的巨额财产税，以供国用。此办法虽只通行于临安周边的几个州县，但此举仍使南宋朝廷又支撑了十数年，贾似道也因此开罪了整个上层社会以及利益阶层。而这个阶层是掌握着话语权的人，这大约是贾似道身背骂名的深层缘由。

实际上，到贾似道执政的时代，土地兼并问题已十分严重，买公田之举虽出自贾似道之手，但此前有关政策朝中已议论颇多，唯无人敢为而已。刘克庄在一个奏疏中说：

“昔之所谓富贵者，不过聚象犀珠玉之好，穷声色耳目之奉，其尤鄙者则多积坞中之金而已。至于吞噬千家之膏腴，连亘数路之阡陌，岁入号百万斛，则自开辟以来，未之有也。”的确，当时大户兼并土地之猛烈达此前未有之水准，张俊一家的田亩至少也在六十万亩以上，有资料推测说可达上百万亩，而且这在当时亦非个案。《宋史·食货志》录有淳祐六年（1246年）谢方叔的疏文：“豪强兼并之患，至今日而极……今百姓膏腴皆归贵势之家，租米有及百万石者。小民百亩之田，频年差充保役，官吏诛求百端，不得已则献其产于巨室，以规免役。小民田日减，大官田日增而保役不及。以此弱之肉，强之食，兼并浸盛，民无以遂其生……敌人睥睨于外，盗贼窥伺于内，居此之时，与其多田厚赀不可常保，曷若捐金助国共纾目前？”可知当时抽取大户的财产共纾国难乃非一人之见，只是难以实行。及至贾似道大权独揽，推行此法，亦属无奈之下的非常之举，开罪上层社会也是意料之中，贾似道何等聪明世故，但却坚持推行之，我们今日也说不清这叫义无反顾还是一意孤行。但是从其作为，言贾似道权臣可也，云其奸臣则未必。

贾似道还曾制作狭口阔底的量器，颁行全国，以减轻贫苦者的负担。可见其人并非全不关心民间疾苦。后来因报父仇而刺杀贾似道的郑虎臣也是大地主出身之人，并非贫家子弟。

黄仁宇看得很清楚：“贾似道之犯众怒，并不是单独的由于他合计敌情错误，也不是因为他骄奢淫逸，而大部分是由于他在理宗赵昀的最后两年，倡议‘买公田’，等于没收一部分富人的资产去充军食。并且又由他主持发行最后一次的信用货币，引起物价再度上涨。”（《赫逊河畔谈中国历史》）“而这田土收入使南宋朝廷又维持了约十二年。”（黄仁宇《中国大历史》）

元代脱脱主持编著《宋史》，已是元顺帝至正三年的事，时为1344年。此时距1279年南宋覆亡已逾半个多世纪。《宋史》以两年半的时间仓促编就，但部头之大冠绝古史，基本沿袭了南宋官修史书的内容。此书北宋详而南宋略，有关贾似道的传记采用了诸多野史的记载，未见得为信史。宋史专家何忠礼先生在《宋代政治史》一书中曾有较中肯的评价：“贾似道生活腐朽，他的纨绔习气至老不改，这完全可以相信。但个人品质是否恶劣到如此地步，我们却不能从宋末元初治学态度严谨而又对故国深为怀念的文天祥、黄震、谢枋德、郑思肖、周密等人的著作中得到印证，所以对有些记载还是值得怀疑。至于说到贾似道在大敌当前的情况下，依然不理朝政，度宗对襄阳局势一无所知，贾似道对襄阳被围见死不救等等，却与史实不合。就以襄阳被围事论，当时官员如荆湖安抚制置使、知江陵府汪立信和监察御史陈文龙等人皆屡次上疏言襄阳之危，咸淳九年（1273年）初，襄阳沦陷在即，起居舍人高斯得也对度宗说：‘臣窃见襄阳之围，旷日持久，命将救援，择非不至，然气索志偷，情见力屈。大劳未艾，扫清无期，岂非将不胜任之所致乎？’可见度宗完全了解襄阳危局，何必因宫女而知？周密曾说：‘身陨之后，众恶归焉，然其间是非，亦未尽然。'他在这里虽然指的是韩侂胄，但对贾似道来说似可类推。"

同代人中，实际有不少人盛赞贾似道，比如徐元杰《梅野集》卷七《收换湖会转官制》一文中说他："气质拔俗，机警过人，以科举则发家学之传，以才具而胜事任之重。"徐元杰（1196—1246年），字仁伯，号梅野，上饶县人，早年从朱熹门人陈文蔚学，后师事真德秀。真德秀称得上是南宋后期理学的正宗传人，立朝有直声。徐元杰是理宗绍定五年（1232年）进士，调签书镇东军节度判官，其为人亦正派。

又如鄂州之战，《宋史》云"似道私约称臣输币，又虚诳报捷，最是坏事"，然《元史·世祖纪》，仅云约和，并无称臣输币之语。当时蒙哥于四川阵亡，忽必烈匆忙撤退是为了争取大可汗的选举大事，估计也顾不得眼前的一点小利。即便此后以此为借口，也算不得说事情全坏在贾似道手上。蒙古欲灭大宋，乃是战略方针，且图谋已久，不管找什么理由都要来犯，又岂会只因为贾似道说了输币又不认账而为?

贾似道在鄂州保卫战中的表现，却深得当时人的赞赏，如诗人刘克庄所说，蒙古军大举南侵之际，"朝野失邑，凛凛有被发之忧"，贾似道"投袂而起，倍道疾驰，身先将士，蒙犯矢石"，"以衮衣黄钺之贵，俯同士卒甘苦卧起者数月。汔能全累卵之孤城，扫如山之铁骑，不世之功也"。(《后村先生大全集》卷一三二《与贾丞相》)。

刘克庄（1187—1269年），比贾似道大二十余岁，字潜夫，号后村。福建莆田人，为宋末文坛领袖，辛派词人的重要代表，词风豪迈慷慨。在江湖诗人中年寿最长，官位最高，成就也最大。

如果说刘克庄与贾似道尚属世交之谊，或有溢美之词，但《元史》里也记载了在鄂州之战后期，忽必烈曾当着众人的面夸奖身为南宋守将的贾似道："彼守城者只一士人贾制置，汝十万众不能胜，杀人数月不能拔，汝辈之罪也，岂士人之罪乎！"

《元史·廉希宪列传》亦提及："一日夜半，召希宪入禁中，从容道籓邸时事，因及赵璧所言。希宪曰：昔攻鄂时，贾似道作木栅环城，一夕而成。陛下顾扈从诸臣曰：吾安得如似道者用之。"得到敌对方的称赞，当非虚言。由此可见贾似道之才干。

《元史·元世祖本纪》亦记有一则趣事："帝既平宋，召宋诸将问曰：尔等何降之易耶？对曰：宋有强臣贾似道擅国柄，每优礼文士，而独轻武官。臣等久积不平，心离体解，所以望风而送款也。帝命董文忠答之曰：借使似道实轻汝曹，特似道一人之过耳，且汝主何负焉？正如所言，则似道之轻汝也固宜。"降将本欲讨好，却遭元世祖嘲笑，反而于贾似道却不敢轻视。

重文臣而限制武将，是两宋最高统治者一贯的政策。唐之衰亡即起于藩镇之乱，此为前朝教训；太祖赵匡胤本人又以职业军人起家，拥兵自重，终至陈桥兵变，黄袍加身，其间关节心知肚明。故赵匡胤登基以后，"杯酒释兵权"，解除高级将领指挥权。又于制度安排上，重用文臣，其目的就是防备军人割据一方，拥兵自重。军事主官基本沦为技术官僚，而无调度和指挥权力。即使岳飞个人品德并无问题，但他岳家军日益强大，已然逾制，又一心想迎回徽、钦二帝，完全不考虑当政皇上又当何处？实为不明政体精微之所为。其冤案，责任仍应由最高统治者承担，而秦桧等人不过是执行者和替罪羊而已。

其实终南北两宋一朝，对于北方边患，无论辽、金还是元，其应对策略，是战是和，一直首鼠两端，进退失据。即便杨家将、岳家军能征惯战，亦不能挽救危局。盖因当时的制度已经山穷水尽，无力解决社会动员和组织诸问题，非个人贤愚得失所能左右。言贾似道玩虫误国，实为一叶障目、不得要领之言。道学家之见，反而是过分夸大了贾似道的重要性。

中国北方边患，由来已久，其地缘政治有可能受到客观生存条件的巨大影响，秦长城的走向，也是沿着十五英寸降水线伸展，其为农耕与游牧作业的分界。竺可桢先生研究中国古代气候所得结论，粗略地说，先秦、汉唐较温暖，至北宋渐冷，南宋后期可能是近一千年来最为寒冷的时期，一直延至元代。明代中后期较温暖，明晚期至清早期较寒冷。由此我们能感受到地缘政治与气候变迁之间有一定的关联。当亚洲大陆普遍变冷的时期，往往与北方游牧民族南侵同步，这大约与环境恶劣，游牧民族必须争取更大的生存领地有关。

贾似道当政的十几年内，是宋朝历史上最困难的时期。对内既要改革，又要对付腐朽的官僚和地主的骚扰和破坏；

对外则要抵御强大的蒙古铁骑的入侵，这使贾似道感到举步维艰。他在咸淳三年（1267年）给度宗的上表中就道出了这种苦衷：“臣独念平时怙一是而众嫉起，守公法而私怨从。绵力不足以胜弊奸，血忱适足来口语。熏心忧畏，无岁不疾，心指牖下以为归……臣讵可偃然而不知天威之当惧乎！”虽然如此，贾似道还是为了宋廷竭尽了自己的全力。我们应该看到，贾似道在宋室危亡之秋，全力苦苦支撑，使宋室得以延续十二年之久，实属不易。贾似道垮台前，朝野上下对他的表现还多有赞誉之辞，而一旦宋朝灭亡，身为宰相的贾似道便成了“众矢之的”，好像宋朝之覆亡全是他的奸险及政策错误的后果。实则南宋累积之问题并非一朝一夕，至贾似道的时代已然回天乏术，生逢大敌之时，当时的制度已经山穷水尽，将南宋的覆亡全加诸贾似道一人身上，或认为南宋的覆亡乃是全因其玩虫误国，实为缺乏历史纵深感的浅见。此类见解虽常为道德家所使用，但我们今日却很难同意。

贾似道于半闲堂斗蟋之际，未见得不是心事重重。野史中所载其乖戾的性格以及暴烈的行为，虽未必全是事实，但也反映出他内心的压抑。

贾似道毕竟进士出身，也算得是文人，对文学艺术有着浓厚的兴趣，虽说他身上也有纨绔习气，但终归和一般的纨绔子弟是不一样的。

周密在其《癸辛杂识・后集》中云：“贾师宪尝刻《奇奇集》，萃古人用兵以寡胜众如赤壁、淝水之类，盖自诧其得自援鄂之功也。又《全唐诗话》乃节唐《本事诗》中事耳。又自选《十三朝国史会要》。诸杂说之会者，如曾慥《类说》例，为百卷，名《悦生堂随抄》，板成未及印，其书遂不传。其所援引，多奇书。廖群玉诸书，则始《开景福华编》，备载江上之功，事虽夸而文可采。江子远，李祥父诸公皆有跋。《九经》本最佳，凡以数十种比校，百余人校正而后成，以抚州萆抄纸、油烟墨印造，其装褫至以泥金为签，然或者惜其删落诸经注为可惜耳，反不若韩、柳文为精妙。又有《三礼节》《左传节》《诸史要略》及建宁所开《文选》诸书，其后又欲开手节《十三经注疏》，姚氏注《战国策》、注《坡》诗，皆未及入梓，而国事异矣。”

周密（1232—1298年），字公谨，晚年号四水潜夫、弁阳老人、弁阳啸翁、华不注山人，宋末曾任义乌令等职。比贾似道小二十岁，大约与顾文荐年龄差不多。祖籍济南，但其一生未能回过家乡，赵孟頫《鹊华秋色图》就是应周密之请画给他看的。周密的先人因随高宗南渡，流寓吴兴（今浙江湖州），置业于弁山南。周密生于杭州，宋宝祐年间（1253—1258年）为义乌县令。景定二年（1261年），任浙西帅司幕官。宋亡，入元不仕，隐居弁山。后家业毁于大火，移居杭州癸辛街。他的一部杂记即以此命名为《癸辛杂识》，他的笔记集《齐东野语》《志雅堂杂钞》《癸辛杂识》《武林旧事》等，多载当朝史事传闻、杏林轶事、民俗风情，内容多可信。周密做官时，贾似道尚在朝中，故而周密对贾似道的作为是很了解的，但周密没有提及贾似道曾编纂《秋虫谱》这类蟋蟀谱，或因此书纯属纂集而非著述？从周密的记述中可以见出贾似道喜爱杂书、奇书，其来有自，且成就颇多。我们今日分析，早期蟋蟀谱出自半闲堂是有可能的，但也未必就是贾似道亲笔写成，身为权臣，投其所好者甚多，蒐集各地蟋蟀经验和歌诀这类工作大约应当是其门客或者虫师所为，但是付诸刊刻却需资财，有可能是贾似道的安排。《全宋诗》收录有贾似道诗作，与文豪相较，自不甚工，但毕竟进士出身，仍属雅言。如五言诗《草》：

草木起寒色，望来秋更清。
舟横摇夜月，风度隔城更。
避俗心虽在，休官疏未行。
空惭旧吟侣，有句续唐声。

又如七绝《于潜道中》：

数家烟火深村里，几处牛羊落日中。
客久不归心事远，梧桐叶叶是秋风。

蟋蟀谱之歌诀，多出俚语，与似道诗用语上尚有距离。虽《全宋诗》亦收录贾似道咏蟋蟀诗多首，但出处可疑，仍不免出于后世之蟋蟀经谱，未见得可靠，似乎编者未加深入考证。

明代蟋蟀经谱如嘉靖本《秋虫谱》、万历本《鼎新图像虫经》皆署平章贾秋壑“辑”，此与“著”显有本质区别。

宋谱未见传世，后世经谱或为坊间假托似道以取得广

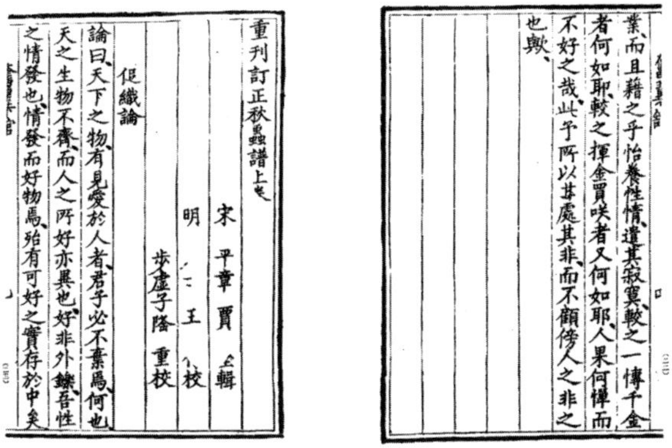

業而且藉之乎怡養性情遣其寂寞較之一擲千金
者何如耶較之揮金買咲者又何如耶人果何憚而
不好之哉此予所以甚處其非而不顧傍人之非之
也歟

重刊訂正秋蟲譜上卷
宋　平章　賈　似道　輯
明　□□　王　□　校
步虛子隆　重校
促織論
論曰天下之物有見愛於人者君子必不棄焉何也
天之生物不齊而人之所好亦異也好非外鑠吾性
之情發也情發而好物焉殆有可好之實存於中矣

图九：《秋虫谱》书影

告效应，也并非全无可能，毕竟贾似道是玩斗蟋蟀第一大名人。但最终蟋蟀谱的诞生开启了系统、理性地研究斗蟋的时代。

三　最接近宋谱原貌的蟋蟀谱

宋本蟋蟀谱今已不获见，亦不见于正史著录。对于宋谱的原貌，我们只能从后世经谱中寻找它的影子。

传世蟋蟀谱中，目前所能见到的最早的版本，当属嘉靖丙午刊本《重刊订正秋虫谱》，嘉靖丙午即公元1546年，此书二卷，宁波天一阁藏，孤本，重订者自署为“徽藩芸窗道人”。王世襄先生纂辑《蟋蟀谱集成》收录之，列为第一篇（见图九）。

稍晚则有万历本《鼎新图像虫经》，上下两卷，署“宋

平章 贾秋壑辑；明 居士 王淇竹校”，上海图书馆藏。再晚则有周履靖续增《促织经》，亦属万历时期刊本。

从虫谱内容的繁简与沿袭，后两种明显脱胎于前者，并经增补而成。但细察之，周履靖的本子内容增添较多，前后内容也有互为冲突的地方，同一名目下，前篇与后篇很不同，应当是辑录两种以上的版本合并而成。

《秋虫谱》与《鼎新图像虫经》这两种虫谱似乎更为接近，体例、行文皆出自同一系统，明显有着同出一源的母本。但是从文本比较的角度看，《秋虫谱》新增部分，《鼎新图像虫经》也基本予以采纳；但从行文处理上看，《秋虫谱》的作者非常忠实于原作，书名即为《重刊订正秋虫谱》，文中“增释”的部分，特意标出，显为重刊者所增，其行文方式与所据原本明显不同，为散文方式，而非原本之韵文方式。比如：

淡黄

淡黄生来腿肉白，项紫牙红头琥珀。

初秋斗间最痴迷，末后逢强绝口敌。

淡黄增释

始见红黄者，头似珊瑚，非红乎？今曰琥珀，亦红紫流矣，腿脚圆长如玉色，非白乎？今曰淡黄生来腿脚白者，又相似矣。则又何必分为红黄、淡黄耶。予不敢削去者，恐前贤误刊耳，白之以俟订正云。

淡黄生（增注）

黄头黄线项微金，两翅玲珑亦带金。

腿肉不毛稍似蜜，红牙如剪淡黄生。

予幼时曾获此虫，自早秋得胜至九月中，胜一十七间，败于真青之手。

以上所录在《秋虫谱》中颇有代表性，读者能通过重刊文本而窥知原本面貌：其“淡黄”一节当为原书所载；“淡黄增释”为重刊者的疑问；“淡黄生（增注）”虽仍采用原书歌诀之体例，但明显是重刊者新增。

类似情形还有“蟹青增释”“真紫增释”等。而这个表述方式在《鼎新图像虫经》中则表述为“蟹形曰解”“紫者曰解”，这种表述方式，倘若没有《秋虫谱》的参照，读者难以将这些新增内容与原著内容加以区别。

而《秋虫谱》“淡黄生”及后面的小注，明显带有个人经验的成分，《鼎新图像虫经》则不录。

又如《秋虫谱》“真紫增释”：“此虫生来多有头尖者，然毕竟头圆大者为上。项有青毛项、紫羢项、赤斑项，俱要生毛丁疙瘩。如项一油光，便属花色。”

《鼎新图像虫经》与周履靖《促织经》“紫者曰解”一条相同：“此虫号紫，生来头尖项阔，要生毛丁，身阔厚，牙紫红色，或阴阳翅是也。”其见识似不及《秋虫谱》尚在其次，重要的是，其行文与全谱已浑然一体，不容分辨。倘非先读《秋虫谱》，已无法辨析是否后人加入。

更重大的区别在“论项”一节，由此，文本差异所呈现出的时代印记，其成书的年代可判。

《秋虫谱》“下等项”歌曰：“紧狭花斑浅，无毛黑白光。纵然头肉正，终须受祸殃。”

《鼎新图像虫经》与周履靖《促织经》“论项（下)”表述相同，歌曰：“紧隘花斑项，无毛黑漆光。纵有完颜勇，终须受祸殃。”

“完颜”为金主姓氏。金终其一朝，为南宋大敌，其领土要求为当时南宋之大患。北宋即沦陷于金人之手，且徽、钦二宗被掳，一直扣押在北地，乃至终老异乡。南宋亦只能偏安淮河以南，保留半壁江山，亦曾一度称臣纳贡，故宋人对金人积怨甚深。虽后来金为蒙古所灭，不过比南宋之覆亡早了半个世纪，仍为南宋终朝之敌人。贾似道少时，金人尚在，即便贾似道行为无状，但身居高位，公然以宿敌喻虫之勇，则未必肯，此为常情。

宋金对峙以淮河为界，今日所云北方地区基本属于金人的领地，就是现在引以为名胜的卢沟桥，也是金人所建。待忽必烈一统中原建立元帝国之后，社会等级森严，人被划分为四等：蒙古人、色目人、汉人、南人。所谓汉人，是指在金国统治时期已然为金国臣民的人，其中也包括女真人、契丹人以及金国所属之汉族人，只有最后归化蒙古统治的南宋臣民处于最低一等，为南人。

经过元代的整合，北方游牧民族入住中原，已成正朔，民族融合业已成为事实。南宋最终亡于蒙古人，而不是金人，南宋遗民心中对蒙古人的仇恨此时已大于对金人的仇恨，且昔日金之女真人、辽国的契丹人与汉人一样社会地位低微，同处被统治的阶层，时日已久，往日的恩怨已然淡化。有了蒙古人建立元朝这样一个历史的融合，人们才有可能以淡然的心境对待往日敌对方的作为。以近乎戏谑的态度援引完颜氏，用以表述一种下等虫项，金人是难以接受的；但毕竟是喻敌之勇，汉人亦未必肯，所以这类的语句也只有元代蒙古人才会用。

另外就是《鼎新图像虫经》有几处内容为《秋虫谱》所无，在蟋蟀品种中有一则能反映出两谱之间时代背景的差异，即“滑紫三呼”：“一呼梨梿採，二呼油纸灯，三呼沿盆子”，表述的是一种紫虫有三种称呼。“油纸灯”是对虫色的描述性命名，比如同谱中尚有“狗蝇黄”，也属同类命名方式，但是“梨梿採”这个称呼显然在汉语中是没有意义的，应当来源于其他语种的音译名，与我们今日常用之“坦克”“摩托”相类。应当是来源于蒙古语之音译，亦可知《鼎新图像虫经》与《秋虫谱》的差异所在。

从这个角度看，《秋虫谱》的用词与它谱之不同，反映出该谱更多地保留了元代以前的虫谱面貌。而《鼎新图像虫经》和周履靖《促织经》所依据的母本很可能是经过了元代翻刻本的浸染。

虽然直到目前也没有宋刻蟋蟀谱留存于世，甚至我们也不能从元明以来的目录学著作中找到依据，但是，我们却可以从以上分析中看出，蟋蟀谱在流传过程中，有经过元代谱系浸染过的版本，也有未经元代染指的版本，其祖本来源于宋代是可信的。

有了这样一个分析，那么《秋虫谱》则很可能依据的是未经元代染指的母本。如果将《秋虫谱》中“增释”“增注”部分删除，大致可以认为是宋谱的面貌。至少宋代蟋蟀谱不可能超出这个范围。

另外《秋虫谱》曰“谱”，而《鼎新图像虫经》和周履靖《促织经》皆曰“经”，也符合时代变迁的常情。贾似道身处宋代，正是理学兴起的时代，虽世俗社会及时行乐的风习于官民之间渐次蔓延，但以玩物称“经”，终究过分托大，故此称“秋虫谱”有可能更符合当时的舆情；我们今日所能查阅到的宋代的博物类著述，也大多称谱，而不称经，比如宋代范成大《梅谱》、陈思《海棠谱》、蔡襄《荔枝谱》、李之彦《砚谱》、洪刍《香谱》、叶廷珪《名香谱》、杜绾《云林石谱》、窦苹《酒谱》、释赞宁《笋谱》、陈仁玉《菌谱》等，而明代类似著述称谱称经者皆有，称经者渐多，如明代黄省曾《鱼经》《蚕经》《兽经》，蒋德璟《藿经》，其中也包括《促织经》。

斗蟋蟀本是闲事，难入社会主流，但时日既久，风习已盛，尤其经历了明宣德帝痴迷玩虫，敕令供虫并烧制蟋蟀罐之后，秋虫亦为盛世帝王的雅好，后人也才有称“促织经”的胆量。

故而宋代传下来的应当是“谱”，而非“经”。后人称“经”，实为商业噱头。

经以上分析，通过剥离《秋虫谱》的方法，可知宋代的虫谱除《秋虫谱》上卷的“论”基本保持宋谱面貌外，于虫之品种仅得43种，或者说宋谱基本不会超出这个范围。

青虫门8种：真青、紫青、黑青、淡青、虾青、蟹青、青麻头、青金翅；

黄虫门4种：真黄、红黄、紫黄、淡黄；

紫虫门7种：真紫、红头紫、纯红、黑紫、淡紫、紫麻、紫金翅；

白虫门3种：纯白、淡白、白麻头；

黑虫门3种：真黑、黑麻头、乌头金翅；

麻头2种：红麻头、黄麻头。

以上计27种。

异虫类：龟鹤形、飞翅、青黄二色、土狗形、土蜂形、枣核形、螳螂形、阴阳牙、蟹踞形、真三段。

计10种。

下品：独脚、红铃、呆物、蜈蜂形、月头额、红头额。

计6种。

虽如是，宋谱所开创的体例，为后代所沿用。论虫的基本格局也已确定，同样为后世所沿用。

嘉靖本《秋虫谱》较上述品种仅增3种：淡黄生、梅花翅、长阔翅。

万历本《鼎新图像虫经》较宋谱增加虾青形、蟹青、蟹形、深黄、狗蝇黄、深紫、乌麻头、黑色白、噉色头、油纸灯、残疾、草三段、反生名。计14种。

自周履靖本《促织经》始，著录品种渐多，已达70余种，较宋谱多20余种。至民国李大翀《蟋蟀谱》著录蟋蟀品种117种，约宋谱3倍。

附：宋谱可能的面貌

秋虫谱上卷

促织论　论曰：天下之物，有见爱于人者，君子必不弃焉。何也？天之生物不齐，而人之所好亦异也。好非外铄，吾性之情发也，情发而好物焉。殆有可好之实存于中矣，否则匪好也。岂其性之真哉。况促织之为物也，暖则在郊，寒则附人，若有识其时者；拂其首则尾应之，拂其尾则首应之，似有解人意者。甚至合类颉颃，以决胜负，而英猛之态，甚可观也。岂常物之微者若是般乎？此君子之所以取而爱之者不为诬也。愚尝论之：天下有不容尽之物，君子有独好之理，独促织曰“莎鸡”，曰“络纬”，曰“蛩”，曰“蟋蟀”，曰“寒虫”之不一其名，或在壁，或在户，或在宇，或入床下，因时而有感。夫一物之微而能察乎阴阳、动静之宜，备乎斗战攻取之意，是能超乎物者也，甚矣。促织之可取也，远矣。盖自唐帝以来，以迄于今，于凡王孙公子至于庶人、富足豪杰，无不雅爱珍重之也。又尝考其实矣，每至秋冬，生于草木垒石之内，诸虫变化，隔年遗种于土中，及其时至方生之时，小能化大也，大亦能化小也。若夫白露渐旺，寒露渐绝。出于草土者其身则软，生于砖石者其体则刚；生于浅草瘠土、砖石深坑、向阳之地者，其性必劣，赤黄其色也。大抵物之可取者，白不如黑，黑不如赤，赤不如黄。赤小黑大，可当乎对敌之勇；而黄大白小，难免夫侵凌之亏。愚又原夫入色之虫，赤黄色者，更生头项肥，腿脚长，身背阔者为首也；黑白色者，生之头尖项紧、脚瘦腿薄者，何足论哉。或有花麻头、水红花牙、青灰项、白肋、翅阔、翼翘翅、龟背、虾脊、促织身、螳螂状、土狗形、蝴蝶头、尖夹翅，此数者又皆为虫之异相者也。若夫伤残独腿、五爪偏牙之类，犹或可取，惟四病者，切宜弃之，何也？仰头一也，卷须二也，练牙三也，踢腿四也。两尾高低，曾经有失；两尾垂萎，必是老衰，其亡也可立而待。若有热之倦怠，与夫冷之伤惶者，又且不可缓其调养之法也，使调养之法缓，情性之欲拂，则物之救死而且恐不赡矣，何暇勇于战斗，期于克捷，而能超乎群物者哉？故曰：君子之于爱物也知所爱，知所爱则知所养也，知所养则何患乎物之不善哉？是为论。

胜败释疑论　夫选虫如选将，用虫如用将。用虫而斗，即如用将而战也。选将非长子，必有舆尸之凶，选虫非正色，安免夫败北之诮。故选虫不精者，百战百败无惑矣，用之弗当，亦十败八九焉，何也？虫有青黄赤白黑之分，其色有次第，其才能亦次第为高下者，是以青胜乎黄，黄胜乎紫，紫胜乎白，白胜乎黑。此天地钟灵毓秀，禀赋才品而不容勉强者也。自夫五将军之外，有所谓紫青、淡青者焉，有所谓淡黄、紫黄者焉，又有所谓淡紫、黑紫、黑青、乌青者焉，然虽可以彪炳将苑，树功程能，要之不可与五将军为敌者。推而至于花青、花紫、油光、嫩垢之流，譬之不练之兵、无能之将，即欲与裨将等争胜负且不可，而况正色之五将军者乎？奈何世之蓄虫者，或失目于遴选之时，或谬合于将战之际，彼青而我以紫对，彼黄而我以黑敌，彼真色而我以油光、嫩垢之色者应之，则未战而先知败矣，何必交锋接战而后见哉。乃有未识虫色者，乃自疑之，曰：我虫固青紫生者矣，胡反败于黄黑者耶？噫，不知黄黑者真，而其所谓青紫者，自不知其为花色也。谚云：一真胜百假。味哉言乎，于胜败何疑之有？且虫之真假之色，了了然在目，固未尝韬光敛迹，示人于难知。顾蓄之者未得夫早见之明，复怀夫回护之短，遂以假为真，以庸才而当乎上将，一败之后，怨天尤人，果谁咎欤？是故用意遴选，必罗真才而后用之，专心命将必知己知彼，避其相凌之色，而后敌之。又必养威蓄锐，勿劳其力焉；饮食适宜，毋亏其体焉。以是而交锋对敌，有不全胜三秋，垂名竹帛者，吾不信也。谨论。

收虫秘诀　头圆牙大兮腿尚长，项宽毛燥兮势要强；色贵憔老兮翅无迹，形身润厚兮能登场；水红花牙兮人所忌，猪肝牙色兮皆不祥；腿脚穷细兮非上品，红钳赤爪兮虫之王。

养虫要法　早秋须以古大凉盆养之，得之即不可斗争，恐其出世不久，元气未足故也。徐徐喂之，俟身口坚硬，颜色见出方可合对。连胜三两个足矣，多斗则伤虫，中间致误豪杰，最可惜哉。中秋之虫，如人之中年，须用起落三尾，如不然，则旦昼呼雌，损伤元气也。深秋虫已衰老，人之暮年矣，须用熟羊眼豆、栗子肉、菱白心、茭肉捣饭喂之，最后则以蟹脚肉、虾肉、鳗鱼脊肉、跳虾虫等喂之，助养气力。更须藏之无风温暖之处，以纸衬盆窝，外以棉絮之物护之。极寒则以盆曝于日中，若三二日不食，必将捐馆，勿劳之战场，以辱宿将。戒之，戒之。

蓄养所忌 忌草菜之物、油腻饭水、隔宿东西，忌酒后玩弄，忌橘麝诸香，忌油烟风日，忌不净妇女，忌黑心人借观，忌小儿辈揭盆偷看，忌破缺盆钵、不稳厨桌之类，须细参详。

治积食不化 积食不化可嘘嗟，水畔红虫是可佳。研细任君分两处，喂之即斗果堪夸。

交锋论法 夫合对交锋，必须明察大小，默详颜色。颜色两停，大小无异，方可相合。若颜色敌人胜我，即无大小亦宜避之。法所谓知己知彼，百战不殆也。既已合成，两下莡，待其鼓翼鸣声，起闸相见。横即点正，待其自接。有一口赢者，有三口咬触者，有一递一口者，有双做口，有黄头儿瀼，颠翻掳折腿脚，有两下口咬昏、触赢者。赢家下莡太重、太早，牙根疼痛，满笼延走者，不可再莡，即以湿纸搭盖，俟疼定方可徐徐莡之。亦不可扫牙，待下锋回报，才可调熟交锋，自见斗口无失，最忌盆中戏斗，胜负有屈，戒之，戒之。

慎斗论 凡养虫者最忌心热，心热则斗必频，斗频则虫力伤，虽号称名将者，亦必败矣。故曰：交锋一口停三日，大战须还息一旬；小斗当日隔去三尾，次日下之，大斗须隔三日方下。

又云：百口赢者不为奇，一口赢者胜百口。何以故哉？要知一口赢者，用力反多于数十口赢者也。设若，因其一口取胜，不加休养而即令之登场，其败北也必矣。甚可惜哉。

初合莥法 先讨其尾，次讨其小脚有情，方捻牙口一莥，左提右调，如虫性起，再扫牙口一莥。看虫势旺，鼓翼数声，待翅收闭，才可拖领到闸口，各待回报，方可提起正闸。两架莥不许过棚，如横即点正，不许挑拨。此斗虫之礼法也。

上锋莥法 斗胜，监棚者喝明下闸，分其上下，胜者收提上锋，领至中闸，即将湿纸搭盖，常常提调，使存斗性。不宜频频扫牙，只须点插而已。下锋回报，即用数莥点正再交，不许冲扑惊奔。

下锋莥法 凡居下锋，待其行动，微微莥其头背共其腰尾，次拂拐头，并左右背胁以诱之，如不动，再讨小脚左右胁肋，若虫惹莥，即讨爪有情，即捻牙口一莥，少息复如之，观其收牙不练，则熟调鼓翼，再与交锋，斯无失策。

治虫热病 或叫雌不着，身热倦怠，以青草擂碎绞汁，入砂糖水调匀浴之，过以河水，免致虫身栜栗（河水取其温也）。

下三尾法 早秋先收黑头独腿最小三尾养之，三五日浴上次，露时方下，须频起频落，恐虫昼夜呼雌，过伤元气。须提三尾于别盆饱喂之。何也？三尾饥中，间有不祥之事；同盆饱喂，则二尾有食多出节之弊矣。慎之。

斗胜养法 斗胜后以浮萍捣汁浴之，再用河水过之，遂将童便清水各半饮之。用青色跳虾虫数个，捣碎食之，令其雌雄隔绝，自然强健。若斗伤齿牙，切勿下食。

比对法 先比头，次比身，次比腿，次比色。头大终须大，头尖齿必穷。狭长不耐斗，高厚始便宜。黑白饶他大，青黄不可欺。翅松折肉体，紧实最为奇。铜铃三角额，此等让些儿。

辨老嫩 要知促织老与嫩，秘法分明白在须。两齿带黄生日久，悬牙如玉离泥初。头高必定方才变，埋首人称老野狐。授此秘方牢记取，十场罕有一场输。

口间说 夫虫有斗口者，有斗间者。斗间者忽改为斗口，来虫不敌故也；斗口者改为斗间，则敌人之勇可知。

六不斗法 荡胲无后跂，不食又延笼，啮牙并练齿，终将落下锋。

八不斗法 狭不斗阔，黑不斗黄，薄不斗厚，病不斗常，好不斗异，水不斗苍。此殆显明而易见，人一违之，败北之虞立至。

促织三拗 胜鸣败不鸣，一也。雌上雄背，二也。过蛋有力，三也。

秋虫谱下卷

观虫形象　钳像蜈蚣钳，嘴像狮子嘴，头像蜻蜓头，腿像蚱蜢腿，颜色要相当，毛燥斯为美。

头色美恶论　红紫头、黄麻头、青黄头、白麻头、淡黄麻头、红麻头、青金麻头、紫麻头、栗麻头、柏叶麻头、黑麻头、半红麻头、乌麻头，俱根根细丝透顶者，方为正色。若浑□□□□□□□□□□真短而不长，艳色而油光，□□□□□□□道哉。

弃物辨　凡五色之虫，麻路不透顶，翅薄翅油，短腿细脚，项花，肉色不正，头不圆，牙不长，并牙色不红不白者，不可用也。

熟色　有虫紫生者，光滑轻凝之色，似油不油，似水非水，即如良玉之温润，转看转生宝色者，此谓之熟色。如或遇之，必为上将。若头如油浇，项上镜光，翅若油纸，肉光而发亮者，此非油光紫软，又当详察。

头生上等　大头圆结苑，脑搭浅无多，丝路根根透，光明亮不磨。

下等头　昏小脑搭重，路粗半节儿，棠梨三角额，此等不须题。

脸生上等　五色诸虫脸，无花阔不长，再如锅底黑，此物号强良。

下等脸 酒醉猫儿脸，花花白路纹，此般生相者，弃物不须论。

项生上等 青项堆青靛，白毛根闪青，朱砂火盆底，桃皮等类形，白腐紫羰色，宽干叠起星，毛丁有疙瘩，入手不当轻。

下等项 紧狭花斑浅，无毛黑白光，纵然头肉正，终须受祸殃。

翅生上等 紫翅青金翅，木翅与油单，黑色金如墨，梅花两瓣攒，松阔偕长短，蓑衣得更难，遮身不见节，薄绉另相看。

下等翅 膏药积不绉，松短阔长同，金紫须长翅，其余只在中。

腿生上等 大腿圆长健，小脚如铁线，斑白黄色真，此名金不换。

下等腿 短瘪无穷细，屁熏青黑同，只好留墙壁，何须问主公。

肉生上等 紫黑苍黄肉，青白胜鹅梨，黑白肉亦白，淡黄白亦宜。

下等肉 肉色欠纯正，腰上多红铃，月头红白间，百战不能赢。

真青 青色头如菩提子，顶上毛青靛染成，牙钤更得芝麻白，任君尽斗足欢情。

青者曰解 此虫号真青，头要青金样，白麻路细丝透顶，金箔明亮翅，腿圆长，白是也。亦有头如官蜻蜓头样，此二等为上将，一秋罕有，或一遇之，终无敌手。若红牙，若腿肉不白，若项不青毛，皆花色也。世传白牙青之外，另有红牙真青，此殆欲卖虫者之附会欤，红牙者即非真青矣。间有红头青，亦称正色，终不久胜。

紫青　琥珀头尖项紫青，翅如苏叶肉还青，天生一对牙红紫，任君百战百场赢。

黑青　黑青翅黑黑如漆，仔细看来别无色，更兼牙肉白如银，名号将军为第一。

淡青　淡青生来牙要红，头麻项阔翅玲珑，更须肉腿如银白，胜尽秋虫独奏功。

虾青　青头青项翅如金，肉腿生来白似银，牙若细长苏木色，此虫入手不当轻。

蟹青　俗号虫名湖蟹青，腿脚斑黄翅似金，未看青头并紫脑，须教项上有毛丁。

青麻头　麻头青项毛丁长，翅绉肉白始为良，仍生一副牙红紫，三秋得胜喜非常。

青金翅　麻头青项翅如金，肉腿如同银打成，牙若更加如血红，胜尽诸人匣内金。

青虫总论　大都青色之虫，虽有红牙白牙之分，毕竟以腿肉白、金翅、青项、白脑线者方是，断无斑腿、黄肉、黄线之青，青鸣有叮叮之声，须细察之。

真黄上将居二　天生金色遍身黄，肉腿如同金箔装，黄头配有乌牙齿，败尽诸虫不抵挡。

红黄　头似珊瑚项斑红，翅如金箔肉相同，腿脚圆长如玉色，英雄端不让诸虫。

紫黄　头如樱珠项似金，肉腿如同金裹成，红黑两牙弯若剪，诸虫着口便昏沉。

淡黄　淡黄生来腿肉白，项紫牙红头琥珀，初秋斗间最痴迷，末后逢强绝口敌。

真紫上将居三　真紫如同着紫袍，头浓性烈项绒毛，钳更细长如血色，独占场中第一豪。

红头紫　红头紫线肉毛黄，项赤红丁腿圆斑，翅紫牙红如剪样，只除青将便为王。

纯红　眼如椒核遍身红，翅项如朱腿亦同，若逢敌手君休怕，数番咬死又成功。

黑紫　黑紫生来似茄皮，腿脚兼黄赤肚皮，钳若更能紫黑色，早秋赢到雪花飞。

淡紫　名为淡紫遍身明，项如青靛齿紫红，头上三尖腰背阔，百战场中作上锋。

紫麻　头麻顶路透金丝，项毛翅绉腿斑狸，四脚兼黄肉带赤，秋虫见影不相持。

紫金翅　紫头青项翅如金，腿脚毛黄肉似蜜，必须生有红黑钳，咬杀秋虫人失色。

纯白上将居四　白头白项白丝攒，翅似银铺肉似霜，黑脸红牙肚若粉，此物方为促织王。

淡白　白头白项翅铺银，入手观来却似水，一对银牙如雪白，总无颜色是将军。

白麻头　麻头白项肉如银，脑线根根透透明，更加毛项长肥腿，十度交锋十度赢。

真黑上将居五　真黑生来似锭墨，腿肉斑狸项毛黑，钳若细长似血红，大战交锋如霹雳。

黑者解　此虫肚黑牙红，自来无敌，得遇此虫，真了虫也。

黑麻头　黑麻头路透银丝，项阔毛燥肉漆之，更若翅乌牙赤紫，早秋胜到雪飞时。

乌头金翅　乌头青项翅如金，腿脚斑狸肉带苍，牙齿更生乌紫色，饶他名将也难当。

红麻头　红麻秉性敌刚强，赤项红斑脚圆长，翅紫牙红肉赤色，诸虫交口便难当。

黄麻头　麻头黄项翅金色，脚腿斑黄肉带蜜，牙钳若似炭样乌，斗胜叫鸣闻四壁。

五色看法重辨　夫虫五色尚矣，又有紫青、黑青、红黄、淡黄、淡紫、红头紫之别，种类繁多，致明月夜光，混瓦砾而莫辨，大都青虫便要线肉白、翅金；而黄虫便要乌牙黄线遍身如金；紫要头浓、红线、腿斑、肉蜜；白则如冰，黑则如墨。上手了然在目，此真色也。搭配不齐，便属花色。

龟鹤形　头如蚕嘴肚如琴，两翅啾啾叫不鸣，识者若逢此促织，这般号作大将军。

飞促织　飞虫能斗体轻盈，白翅收时斗负疼，水中拔去难飞矣，果然百战百场赢。

青黄二色　青头白线桃皮项，金翅银腿肉微苍，红牙声壳身高厚，樵老方称是虫王。

土狗形　头垂项阔肚底拖，翼翅生来半背铺，牙紫腿肥身巨混，当头起线叫如锣。

土蜂形　尖翅名呼是土蜂，紫黄色者十难逢，这般色样如君得，不比常虫是毒虫。

枣核形　身如枣核两头尖，仔细观来却似船，交锋便见强中口，咬得诸虫不敢前。

梅花翅　不拘五色之虫，翅若梅花样者，奇相也。非若梅花之白，形似梅花两朵，铺于翅上是也。

螳螂形　身狭牙尖大肚皮，脚前乔力仰头窥，此蛩不问青黄色，斗到深秋必定输。

阴阳牙　此虫生来两个牙，一红一白实堪夸，不拘五色麻头者，任你来虫不怕他。

长阔翅 世人谓长阔翅者不足贵，予意虫果将军，何害翅之长阔。若非名将，翅阔而长，则苦于合对之难，亦不足贵也。

蟹踞形 蛩身弓起如蟹踞，不拘五色或麻头，任君观看却不怕，此是名虫何处求。

真三段 紫头青项有毛长，金翅生来肉带苍，两腿圆长斑白色，一对红牙不可当。

草三段 麻头青项白毛丁，金翅绉绉肉带青，腿脚斑黄牙似炭，当场健战众皆惊。

红铃 红肩红胁不为奇，连连赢得也防虞，金铃落了终难复，无情去斗脚成灰。

反生名 金锦额、黄麻路，银丝额、白麻路，俱要透顶，更要麻路与额相反，此等妙也。

呆物 头昏项紧有何奇，腿脚花斑黑肚皮，翅上更有膏药迹，只好将来去喂鸡。

蜈蜂形 头光肚大号蜈蜂，两翅含屏腿脚穷，此虫只好无心斗，当场必误主人公。

月头额　额首空文彩，月头不久长，脚穷终是病，腿细更寻常。

红头额　红头形象似花枝，一番取胜未为奇，中秋便可空拳斗，胜少输多何必疑。

台湾唐鲁孙系列文集之《大杂烩》中有一篇文章《铁臂大元蟋》，曾提及“藏园老人傅增湘（沅叔）藏书很杂，他有一部明版贾似道的《蟋蟀经》，是宣德重刻，用重金从琉璃厂书肆搜求而得。来熏阁书店徐老板是版本专家，他说此为海内唯一精椠孤本。这句话被袁豹岑（袁世凯二公子）听到了，几度跟老世叔商借，准备重刊，始终未蒙沅叔先生首肯，所以那部《蟋蟀经》终于成为世不经见的秘籍了”。

不知此说是否可靠。来熏阁是琉璃厂著名书店，是河北南宫陈氏所开，家传数代，老板自然姓陈不姓徐。徐老板之谓，或记忆有误，或陈家所请掌柜。但所述之《蟋蟀经》，从藏园老人的书目中未能检索到。倘果有此书，有朝一日重现人世，或有可能印证上述有关宋代蟋蟀谱的推测。

四　《全宋诗》可能误录的贾似道诗

目前行世的《全宋诗》收录宋诗二十余万首，其中收录贾似道诗若干首，部分诗句事涉蟋蟀，显然来自蟋蟀谱，但是我们有了上述的分析，可知：

第一，蟋蟀谱有可能经贾似道着手纂集，但不能完全确定。

第二，假设蟋蟀谱确为贾似道纂集，但其中的歌诀，不过是些打油诗，言辞俚俗，显然出自文化程度并不很高的民间人士，不能视为贾似道的作品。

第三，蟋蟀谱到了明末已是不断增益，清代刻本更是不断增补，即便将蟋蟀谱里的这类歌诀视为贾似道的作品，也只能从最接近宋谱原貌的版本中采集，不应当超出我们上节论及的范围。《全宋诗》所收录的贾似道诗，超出上述范围的只能是后刻者所增益，不能视为宋代作品。

五　斗蟋习俗

1. 出斗期

《西湖老人繁胜录》，题西湖老人撰。其所记内容和《梦粱录》《武林旧事》《京师繁胜录》大致上是同一时期，或略早。主要记录临安市民游艺活动及各类艺人姓名和事迹。今传世本皆自《永乐大典》杭字韵辑出。

此书曾提及当时杭州售卖蟋蟀事，由此可知南宋末期斗蟋的一般情形："促织盛出，都民好养，或用银丝为笼，或作楼台为笼，或黑退光漆，或瓦盆竹笼，或金漆笼、板笼甚多。每日早晨，多于官巷南北作市，常有三五十火斗者，乡民争捉入城货卖，斗赢三两个，便望卖一两贯钱，苕生得大，更会斗，便有一两银卖。每日如此，九月尽，天寒方休。”

从这段记录看，南宋时期随捉随斗，起于盛出之时，终于天寒之九月底。农历的九月底一般在霜降前后，早不过寒露，晚不过立冬。

蟋蟀盛出是在立秋至处暑之间，延至白露前，古今皆然。蟋蟀最初就是作为物候而为人所关注，所谓“鸣不失时，信也”。

捉归便斗，可知当时开斗较早。古谱中的一些说法，亦可印证。以今日对蟋蟀的理解，蟋蟀的各个色类之间，因其遗传、栖息环境之不同，其成熟度在早秋进境不一，黄虫、红虫及一部分青虫属于比较早熟的色类，而黑虫、白虫则属于晚熟的色类，今人称为冷虫，属于适合晚斗的品种。

《秋虫谱》“促织论”云：“大抵物之可取者，白不如黑，黑不如赤，赤不如黄”，从这个论断可以看出宋代斗虫尚没有发现冷虫的最佳出斗期，一切在于自然节律，开斗较早，结束得也较早。由于开斗较早这个原因，所以在宋代的认识中，对色类较为敏感和重视，对蟋蟀栖息地的小环境也有了一定的认识，比如《秋虫谱》“促织论”：“出于草土者其身则软，出于砖石者其体则刚；生于浅草瘠土、砖石深坑、向阳之地者，其性必劣，赤黄其色也。”《秋虫谱》“交锋论法”则从另一个角度说：“夫合对交锋，必须明察大小，默详颜色。颜色两停，大小无异，方可相合……”《秋虫谱》另有“胜败释疑论”一文，专论色类品质优劣，并言及真色、杂色之别，所有这些言论都是基于开斗较早这个前提。

2. 合对及竞斗规则

南宋早期的斗虫情形已经不能确知，从蟋蟀谱涉及的相关内容，可知至少在南宋晚期，斗虫已有了一定的规则，而非滥斗。

合对斗虫，全凭目测，所谓“明察大小”。虫主双方认可大小基本一致即可斗，蟋蟀大小有差异则不斗，或虫小的一方有权决定斗与不斗。《鼎新图像虫经》载有“八不斗法”：“长不斗阔，黑不斗黄，薄不斗厚，嫩不斗苍，好不斗异，弱不斗强，小不斗大，有病不斗寻常。”其中“长不斗阔”“薄不斗厚”，考量的出发点也仍然是分量的大小，因为“长”在视觉上容易误以为大，实则不及身阔者分量大；虫有厚薄之别，当然分量会有差异，有时甚至差异较大。这些歌诀实出于经验之谈。

除却体重的考量之外，当时斗虫还要考虑“色”之相合，《重刊订正秋虫谱》云：“夫合对交锋，必须明察大小，默详颜色。颜色两停，大小无异，方可合斗。若颜色敌人胜我，即无大小亦宜避之。”

可知当时虫色相异，是可以拒绝合对的。这是和今天很不一样的地方。这和当时盛行的“色盖论”有关，所谓：“其色有次第……是以青胜乎黄，黄胜乎紫，紫胜乎白，白胜乎黑。”

其实，斗虫能否取胜，并不完全取决于色品，即便色品有差异，色类之间的优劣也取决于出斗的时间段。可知

图十：斗栅（明代版刻图）

当时的玩家对色类与斗品之间的关系，认识尚不深入。

斗虫有专用的“斗笼”，亦称“斗栅”（见图十），一般为竹制。直到今日，临战时，虫主或负责莻草的草师，各自将蟋蟀从盆罐中置于斗栅之内，仍称为“落册”，其实“册”就是“栅”，这和栅的声符有关。斗栅中间有闸板，为的是避免两只蟋蟀仓促碰面出现意外，而非正常竞斗。一般要将己方之虫以莻草挑逗至斗性发足，有牙有叫，方可提闸开斗。

两虫相斗时各种情况都会出现，有触牙即败的，有交口后速败的，这都是两虫实力有较大差距所致。但更多的情况是两虫实力相当，有时一方看似败走，但经过草师引领，斗性再起，又能继续战斗，乃至反败为胜；又或者一方蛉性未处理好，临战状态不好，斗几下即别头离去，看似下风，但经挑起斗性，又能大斗一场，胜负亦殊难预料。宋代斗虫也已经考虑到这种情形，已有落闸的制度，为的是保护下风虫。今日赛制称为一局，局间有约定的莻草时间，现代斗虫一般规定为一分钟，一分钟内牵出牙即可再战，牵不出牙，就此判负。

在南宋似乎局间没有固定时间的限制，这和古时计时器不及今日方便有一定的关系。古时计时多用沙漏、水滴，或燃香计时，但用于斗虫都不太方便。

《秋虫谱》“上锋蔽法”：“斗胜，监棚者喝明下闸，分其上下。胜者收提上锋，领至中闸，即将湿纸搭盖。常常提调，使存斗性……下峰回报，即用数蔽点正再交，不许冲扑惊奔。”

“下锋蔽法”：“凡居下锋，待其行动。微微蔽其头背共其腰尾，次拂拐头，并左右背胁以诱之。如不动，再讨小脚左右胁肋，若虫惹蔽，即讨爪有情，即捻牙口一蔽，少息复如之，观其收牙不练，则熟调鼓翼，再与交锋，斯无失策。”

以上两条，皆不提时间限制，都是等下锋虫复原斗性方为再斗，与今日的斗局有很大不同，主要表现在时间限制上。

再者，几种能反映早期斗虫的古谱都没有提及赢“局面”的规则，似乎是一直斗到底，直到一方彻底不斗为止，这和现在有所不同。今日斗局，多采用两局制，一局有两草的机会。上下锋的认定是以鸣叫为判定原则，也就是说双方碰头交牙后，双跌开时，以鸣叫方判为上锋；下锋点草，如若有牙可继续战斗，但已是失了一草；如若双方无叫，称“双木”，各失一草；失两草者，则为一闸；落闸后，有一分钟蔽草时间，有牙可再斗，无牙则为负。有一闸在身，再次下锋，仍有一草的机会，此后再下锋则判负。但这种规则有时也会出现不合理情况，比如一方总是无叫，有时虫虽没败，但是输了局面，被判负。也有时，明明是占上锋的虫子，对方虫负痛而鸣，却也赢下了斗局。所谓赢了虫子输了局面。都知其不合理，但规则如此，也是无奈。出现这个规则主要是对斗局时间的考量，一对虫棋逢敌手，会占用很多时间，一晚上斗不成几对。如果当时虫友较多，虫也多，很可能好多人就会空耗一晚，根本排不上号。

南宋的斗场似乎考虑更多的是绝对胜利，不考虑占用时间。苏州名士肖舟先生在20世纪50年代曾购得抄本《梁溪散录》和《吴门识小》。《吴门识小》中有一则“重牙死战寿星头”的轶事，记述了贾似道的“重牙”与一位叫作八吕的官吏所豢养的“寿星头”大战的故事，两虫势均力敌，此战于掌灯时分直战到次日天色薄明，方分出胜负。

《吴门识小》原书即是残本，作者及著录年代不详，后毁于“文革”，此书所述是否为史实难以考辨。但其描述的斗蟋情形却与早期谱反映出的斗蟋规则相合，似可印证当时不论局面、死战到底的斗蟋制度。

画家李澄叟在《画山水诀》无意中透露出一则信息：“夫画花竹翎毛者，正当浸润笼养放飞之徒，叫虫者问养叫虫者，斗虫问养斗虫者，或棚头之人求之……”李澄叟是由南宋入元的画家，此处所记仍似南宋晚期的记述。

棚头，大约是指聚斗之处，今日南方几省仍习惯将斗场称为“公棚”，说明大约在南宋中晚期已出现聚斗的固定场所。

六　蟋蟀的价格

《西湖老人繁胜录》，涵芬楼秘籍本孙毓修的跋文中考证，西湖老人当生于南宋宁宗时，临安人。

宁宗在位的时间为1195年至1224年，贾似道生于1213年，估计西湖老人与贾似道为同辈人，或相去不远。

从其所载之情形看，“斗赢三两个，便望卖一两贯钱，苕生得大，更会斗，便有一两银卖”。此则记录与南宋史料中其他可供参考的物价比较，可大致反映出宁宗时期的蟋蟀价格。

陆游（1125—1210年）生活的晚期与宁宗时代相交叉。陆游七十七岁时曾写过《新买啼鸡》，当为1202年，即宁宗初期。

诗云：

> 峨峨赤帻声甚雄，意气不与其曹同。
> 我求长鸣久未获，一见便觉千群空。
> 主人烧神议已决，知我此意遽见从。
> 秋衣初缝惜不得，急典三百新青铜。
> 怜渠亦复解人意，来宿庭树不待笼。
> 狐狸熟睨那敢犯，萧萧清露和微风。
> 五更引吭震户牖，横梃无复须元戎。
> 明星已高啼未已，云际腾上朝阳红。
> 老夫抱病气已索，赖汝豪壮生胸中。
> 明朝春黍得碎粒，第一当册司晨功。

诗中有“秋衣初缝惜不得，急典三百新青铜”之句，可知他的一件秋衣，典当了铜钱300文。应当考虑典当价与实际价值有相当差距，以对折记，一件秋衣的价格估计当在

600文，一贯钱为1 000文，可知一条蟋蟀卖一两贯钱可买两三件秋衣。这里所说的秋衣，应当是夹衣，比单衣要贵。当时纺织全赖手工，不似今日便捷，衣服的价格不能以今日的眼光看待，要贵很多，是居家较大的支出。南宋李唐的绘画作品《村医图》，画中数人，着衣皆打有补丁，可知当时下层人民一件衣服会穿很久，不到完全破烂不堪，不舍得弃掉。即便以我小时候的经验，20世纪70年代中期以前，如果一个家庭兄弟姊妹比较多，大孩子穿过了的衣服，后面的小弟小妹还会接着穿，弟弟妹妹经常是很多年不会有一件新衣服穿。孩子们想要每年都有新衣，亦数小小的奢望。

陆游亦有《买屐》诗：

一雨三日泥，泥乾雨还作。
出门每有碍，使我惨不乐。
百钱买木屐，日日绕村行，
东阡与北陌，不间阴与晴。
青鞋岂不佳，要是欠耐久；
何当踏深雪，就饮湖桥酒？

此诗是陆游罢官回乡后所写。罢官事在淳熙七年，即1180年，较宁宗时代略早，陆游的家乡在浙江绍兴，与杭州并不太远，大致上也可以看出当时的物价。木屐是雨天室外使用的水鞋，一双木屐大约100钱。若在北宋末年徽宗时期这个价格可买一张五代后期的“澄心堂纸”，犹如我们今日买一张晚清时荣宝斋的水印花笺。

此阶段的币值大致稳定，即便一文钱也仍有可用之处，这可以从陆游晚年的诗作《一钱》中看出来：

万事纷纷不足论，满庭枯草闭柴门。
一钱留得终羞涩，持买餦餭引福孙。

《剑南诗稿》中，排在此诗后面的一首诗标题署为乙丑年，可知此诗的写作年代亦当如是。陆游晚年之乙丑年即公元1205年，此时陆游为八十岁老人，已为宁宗开禧元年，即宁宗当政之第十一年。陆游的晚年与杜甫相似，失意落魄，一个老人疼怜孙儿，其情可悯。诗中提及的“餦餭”是一种饴糖。一文钱可买一块饴糖，这种情形颇类“文革”后期一分钱的购买力。可知铜钱尚有一定的购买力。

如果以上述情形考量当时蟋蟀价格，还是比较贵的，一条蟋蟀相当于“文革”时期一个中等家庭数月的收入。

考历代物价，粮食价格最为典型。

据黄冕堂先生所著《中国历代物价问题考述》所记录的资料看，南宋宁宗时，宁国府粳米之农村市价为每石1000文。江南粮价踊贵最平处，小麦每石2000文（以上皆见《历代名臣奏议》真德秀疏文）。

宁国府作为一级地方府始于南宋乾道二年（1166年），在此之前又名宣州、宣城郡，大致上在今安徽、江苏一带。

地区差和季节差是存在的，黄冕堂在书中说：“南宋孝宗时，江南各地米价每石均在2000文左右，而陆游的《入蜀记》记载四川井邑繁富，每石米仅600至700文，还不到江浙的一半”，陆游入蜀是在乾道六年，即1170年。

古今度量衡有差异，一石也不能简单地理解为1 000斤。

沈括《梦溪笔谈》卷三记：“凡石者以九十二斤半为法，乃汉秤三百四十一斤也。”据1975年湖南湘潭出土的嘉钧铜则，自记重一百斤，重64公斤。故宋制一市斤为今日640克，一石米则为59 200克，即59.2公斤。

以杭州计，一石米2 000文，则20文可买接近一斤二两米，也就是一升。据《史学月刊》2008年第3期程民生之《宋人生活水平及币值考察》一文介绍：“宋人下层人户每天收入数10文到100文不等，维持一个人一天最低的生活费用约需20文”，大约也就是刚够吃。

在改革开放前的计划经济时期，粮食定量供应，因工种不同而有差异，平均下来一般成人每月在30斤左右，大致上也是每人每天1斤。

当时一条蟋蟀斗赢三两个便望卖一两贯钱，在其所记之杭州大约可买半石到一石粮食。按一日一升米的最低生活标准，一月需三斗粮食，如此计算，一条稍好的蟋蟀可供一个人生活两三个月。当然实际生活还有其他消费。

据程民生的研究，普通居民全年所有花销，每人每天平均下来则要100文左右。一年则需36 500文，也就是36.5贯，一条虫卖一两贯钱，取中间价折为1.5贯，25条虫即可获取中等人家一个人全年的花费。如能捉得百十条好虫并成功交易，则大致可获取五口之家一年的费用。这和今日较高级的撬子手的情形是一致的。

程民生书中引朱熹《奏救荒事宜状》："淳熙时浙东路绍兴府六县每亩出米二石。"当然这个产量是全年产量，不是一季的产量。即便如此，似乎也并不容易。在土地承包之前，北方产粮区亩产500斤称为"过黄河"，亩产800斤称为"过长江"，可知土地承包前江南的粮食亩产也就是800斤左右，以一年两熟计算，则不足2 000斤，达不到宋代度量衡的两石。倘能两年五熟，均算下来或有可能。

而两条级别较好一些的蟋蟀，卖四贯钱，在杭州能买两石米，可以抵值一亩地全年的收入，若将售虫款项带往四川，则可买到六至七石米。与今日类似，逮蟋蟀卖比种地的收入明显要高。如果单以粮价记，今日北方地区一亩地两季合计产粮2 000多斤，其中春小麦高产田亩产1 200斤，单价每斤1.2元，计1 440元；秋玉米亩产1 200至1 300斤，单价0.8至1.2元，约值千元左右，两项合计，约值2 500元。回到南宋，倘单以杭州地区的情形看，一条蟋蟀卖一两贯钱，大致上可买一石米，兑换今日粮价，则为1 000元一条。事实上，由于化肥、农药的使用，今日之粮价是历史上最低的，种植粮食的工费成本也较低，粮价直接兑换反映出的蟋蟀价格是明显偏低的。大约要翻倍计算，甚至更高。

如果以大宗财产比照，又有不同的认识。

程民生在《宋代物价研究》一书中提及："宁宗时，十贯钱可以在苏州买一亩土地。"杭州的地价可能比苏州要贵，但是也不可能超出过多。如此计，当时十条虫的收益大约能买一亩田地。

如今城市土地价格以亩计，价逾数百万，乃至千万，农村宅基地也要数万一亩，如果以十条蟋蟀价买一亩田地计，折算蟋蟀价格则数千至数万一条，与今日农村集市上每年成交的较高价至最高价大致相类。

七　养斗蟋蟀的器物

宋代蟋蟀罐今日不获见，明代沈德符《万历野获编》卷二十四“技艺·斗物”条记有“今宣窑蟋蟀盆甚珍重，其价不减宣和盆也”（中华书局《万历野获编》第625页）。“宣窑”指的是明代宣德帝之御窑，“宣和”则为北宋徽宗最后一个年号。似乎在明代万历时期曾流传有号称是北宋徽宗时代的蟋蟀盆。同一时期刊刻的《鼎新图像虫经》，书前刊有版画十三帧，其中有“宣和盆”（见第9页图三），盖儿为飞檐式，中心向上隆起，有火焰钮，盆地有足，这与后世通常的制式蟋蟀盆大为不同，是否可靠，亦难考证。此书又有“平章盆”图样，还有王府盆，象窑盆（见图十一、图十二、图十三）。

“平章”是“平章军国重事”的简称，在宋代一般是授予德高望重之元老重臣的官职，位逾宰相。“平章盆”当指南宋贾似道所用之盆，贾似道位居平章，南宋末年童谣中有“朝中无宰相，湖上有平章”之句，加之玩蟋蟀的高官唯有贾似道，在与蟋蟀相关的语境中，平章已成为贾似道的代称。

象窑在古籍文献中曾多次被提及，明初洪武时期之

图十一：平章盆

图十二：王府盆

图十三：象窑盆

《格古要论》下卷列古窑器论十六条，其中就有“象窑”，现在一般认为是浙江宁波象山的一个窑口，始创于唐。明高濂《瓶花三说》记有“冬时插腊，必须龙泉大瓶、象窑敞瓶、厚铜汉壶，高三四尺以上，投以硫黄五六钱，砍大枝梅花插供，放快人意”。有学者认为近年象山窑址的出土多见白釉粗瓷，似与古籍记载之精细瓷器不符，并引《鼎新图像虫经》之象窑盆，认为是文人案头清供，此文大约误以为此蟋蟀盆是瓷制品，实则为陶器。象窑即便烧不出精细瓷器，但用于烧造陶制蟋蟀盆，于技术而论则绰绰有余。与瓷器相比的胎质粗松却恰恰符合陶制蟋蟀盆的透气要求。

王府盆，《鼎新图像虫经》刊刻于明末，此名称不加前缀，似可理解为本朝的制品，当为明代制品。

从图中所描绘的情形看，宣和盆最为繁复，平章盆略有简化，虽盖式仍为斗笠形，但飞檐已取消，底已无足。

象窑盆与王府盆再简化为天落盖或平落盖，盖心之火焰钮亦取消，其制式与明清乃至当今之常见蟋蟀罐已基本一致。

虽目前没有宋代实物可资见证，但是蟋蟀盆在发展过程中似有由繁至简这样一个过程。从使用角度讲，天落盖、平盖更加实用，这也符合器物普及和发展的一般规律。

乾隆四十一年（1776年）所刊朱从延之《王孙鉴》称："余闻当湖延陵氏家藏一盆，系贾平章半闲堂遗物，金饰郑重，完好精美，足称雅玩，时有好事者数欲购致之，终不能夺。后阅墙致毁，深足惋惜。"有关此盆的出处，民国时李大翀《蟋蟀谱》引前人笔记亦云："西湖葛岭园旧址，土人掘地得之，残损者最多，惟当湖延陵家藏一盆，金饰郑重，精美完好如初，足珍也。"但李大翀却未说明所据，留有遗憾，似乎至清代早期，所谓"平章盆"尚存于世。

宋代的蟋蟀盆形制似乎较大。前文已述，《秋虫谱》或可视为宋谱的面貌，其"养虫要法"记曰："早秋须以古大凉盆养之……"

《鼎新图像虫经》从内容上看，晚于《秋虫谱》，其母本为元版，《秋虫谱》中的"养虫要法"在此书中分解为三部分："早秋看法""中秋看法""晚秋看法"，其"早秋看法"亦云："须用多畜古旧大盆……"

从以上两则记录看，从南宋末期至元，早秋养虫要用古旧大盆，可知有实物在。周密《东京梦华录》卷六"小经济"一节记有"促织盆"，亦可见蟋蟀盆在南宋末年已成为流通商品。

南宋早期盆究竟有多大？这可以通过镇江关扩桥出土

的实物推算。《文物》杂志1973年第5期封三之简讯报道了此次出土物：其中有蟋蟀过笼（见第35页图七）三只，“都是灰陶胎，两只为腰长形，长7厘米，两头有洞，上有盖，盖上有小纽，纽四周饰六角形双线网文……”

过笼是蟋蟀盆的附属品，所谓腰长形，是指其中有一面为弯曲状。之所以采用这种造型，是为了配合圆形蟋蟀盆，使之贴壁无隙。蟋蟀捕归，初时本性不失，其躲避天敌及畏光的天性，极喜钻洞躲藏，倘过笼不能贴壁或留有缝隙，蟋蟀常常躲藏于此，易造成损伤。从图片看，此出土过笼腰长面弧度甚微，家中所藏过笼，最大者，长度恰为7厘米，但腰长面弯曲度较宋代要大。用以比照的这只过笼，在今日已属极大尺寸，要直径15厘米左右的蟋蟀罐才能配合使用，故从过笼的角度考量，南宋蟋蟀盆的尺寸与今日的大一号相类，直径估计在15厘米—16厘米，或更大一点。

宋代蟋蟀盆的价格因缺乏史料提及，故无从考释。但从周密《武林旧事》提及促织盆时的行文状态看，应当不是贵重商品。

苏州陆墓地区为今日南盆烧造中心，当地有人认为贾似道所用“平章盆”即为陆墓所产。但此说法缺乏证据的支持，或为推测。其实南宋定都临安以后，建造过修内司、郊坛下两座官窑。20世纪20年代，在杭州乌龟山发现了郊坛下官窑遗址，修内司官窑遗址在近年也已发现，虽具体位置尚有争议，但是杭州本地即有官窑却是不争的事实。陶器的烧造较之瓷器工序要少，烧成所需温度也低，从技术上看，能烧瓷器就能烧陶器。所以从情理上讲，杭州有店铺销售促织盆，已为流通商品，当时的运输成本远大于今日，从商业角度考虑，能于本地解决的问题，则没必要舍近求远。至于南宋时期陆墓是否烧造过蟋蟀盆，也还有待考古发现的证实。

第五章
元代的斗蟋活动

元代的斗蟋活动显然没有停止过，但却没有相关文字史料留下来，我们今天能看到的只有很少的一点痕迹或是间接的著录。

清代的奎章阁活字本《蟋蟀谱》一卷，书内提名宋半闲堂主人原本、元刘保保增删、明张弘仁校订等内容，该谱混乱不堪，信为妄人所为，从蟋蟀谱的角度实不足论。其书内署名亦未必可信，但终归算是较少见的提及元代的一项记录。

《鼎新图像虫经》书口处印有“虎林元版”等字样，这个确是比较可信的，知为杭州书肆所刻，所依据的是元代的版本。

此前提过，此书以及明末周履靖《促织经》都有“梨槌採”这类音译词语的存在，可推知此版本确曾经过了元人的浸染，融合了其他民族的文化元素，亦可知蒙古人入主中原之后，受汉人的影响，有些蒙古人也参与了斗蟋活动，或参与的人较多，或参与者位高权重，不然就不会在蟋蟀谱中影响到蟋蟀的命名。但是元代在蟋蟀谱的内容上没有太多贡献，这大约和元代文人的地位低下有关。

元代的汉族知识阶层处境较为尴尬，是历代当中社会地位最低的。蒙古统治者虽然也部分地接受了汉文化，但是对汉人尤其是南人采取了打压的政策。当时的科举，汉人的录取比例仅为蒙古人的十分之一，汉人传统的通过科举而改变身份的出路基本被堵死，赋税的减免除了部分宗教界的人士，也大多和儒生无关。

当时社会等级有“一官二吏三僧四道五工六医七农八娼九儒十丐”之说，儒生的地位仅仅高于乞丐。社会地位低，收入自然也低，像宋代那样有能力刊刻书稿的汉族知识阶层人士大幅减少。虽仍不乏才子，但多数难得施展，就如同关汉卿，只能混迹于戏班与歌伎为伍。传统文人用于抒怀的诗词也只能让位于混饭吃的曲辞。从心气上，受挫感应当是十分强烈的。元初，赵孟頫与周密相遇，周密祖籍山东济南，但山东自南宋之始即已成金国疆域，周密一生都没有回过原籍。赵孟頫为其画了《鹊华秋色图》（见图十四），以慰其心。此图藏于台北故宫博物院，我们今日尚能见到，其与北宋绘画已是大异其趣。如果说南宋偏安一隅给人带来的心理影响产生了马远、夏圭的“马一角”和“夏半边”，那么此时，赵孟頫所绘已经和写实全然无关了，文人所画不过是心中的山水，写实已经变得毫无意义，也不再需要对大自然进行细致入微的刻画。这与北宋的《清明上河图》《溪山行旅图》形成极鲜明的对照。

元末画家倪瓒的作品则以清冷、荒寒而著称，反映的

图十四：赵孟頫《鹊华秋色图》

亦不过是画家的心态。他大约不愿让那些苟活的人出现在他的画里，他觉得那样俗不可耐。后世之人将名虫天蓝青的发现和命名归属了元代，据《梁谿散录》记载，天蓝青就出自倪云林的笔记，倪云林称此虫是虫王。《梁谿散录》是抄本，苏州名士周鸿度（肖舟）先生早年于书肆搜得，可惜毁于“文革”，今已不传。有关天蓝青的情况，肖舟先生在其《蟋蟀秘经》中有较详尽的描述。此虫怪异之处在于虫色看上去飘忽不定，一日当中，早、中、晚，天气阴晴，虫色俱不同，待虫死后，才看清斗丝是白色，浑身是一种天青色，遂定名天蓝青。倪云林有洁癖，自己未必玩斗蟋蟀，天蓝青是否真出自倪云林的笔记也不好说，将一只色烙飘忽、终无定色的奇异蟋蟀归属到元代，大约与文化心理有一定的关系，飘忽、终无定色未必不是文人面对无奈的现实所抱持的一种心态。

元代的蟋蟀器物不见流传，民国时李大翀纂集《蟋蟀谱》，乃是汇聚各类谱系合并而成，亦有自己的贡献。其中有蟋蟀盆图像数种，大多沿袭自《鼎新图像虫经》，亦有几幅不见于前谱，其中有两幅“元至德盆”，插于平章盆之后，王府盆之前，当理解为元代盆，但出处不详。《蟋蟀谱》卷一“盆考”中说：“元制盆式，矮扁圆形如鼓，盖平无边，底平无足，素质者如鼗鼓，口底上下两周皆乳，底有‘大元至德年制’六楷字阴文。”亦未说明出处及实物考辨过程。

鼗鼓，其实就是民间俗称的“拨浪鼓”，其描述倒也生动可感，很形象。但问题是元代并没有“至德”年号，元代的官窑瓷器也从不打年号款，只有“枢府”款。李大翀所述之蟋蟀盆，应当是无知妄人所伪造，未可依据。其所述元代蟋蟀盆的制式特点也未可贸然采信。

明代晚期所刊蟋蟀谱基本都有“古大凉盆”“古旧大盆”这类说法，应该不是虚言。从瓷器的情况看，元代瓷器器形之硕大，远逾他朝，加之宋代蟋蟀盆初创以来，一直较大，何以到了元代忽然缩小？这是难以得到合理解释的。

元代的斗蟋情况，虽不为我们今日所知，但却开创了明初斗蟋的源流。

第六章
明代斗蟋活动的普及

斗蟋活动在明代有了较大的发展，蟋蟀谱从“谱”改称“经”大约也发生在这个时代，这很可能与明代早期宣德皇帝有此嗜好有关，流风所及，斗蟋成为上下一致的爱好，加之斗蟋源流至此已逾一两百年，多少也能称之为雅玩了。

一　斗蟋风气

宣德皇帝是如何沾染上了斗蟋之好，没人说得清。大约和他在燕王府的经历有关。

宣德帝有斗蟋之好，不见于正史，据说是宣德帝驾崩之后，太皇太后张氏诏令：“将宫中一切玩好之物、不急之务悉皆罢去，革中官不差”，有关宣德帝玩斗蟋蟀的事，史官自然也不敢着墨，倒是野史有记载。较早记录宣德帝玩斗蟋蟀的是皇甫录的《皇明纪略》。皇甫录，长洲（今江苏苏州）人，字世庸，号近峰，为弘治进士，官至顺庆知府。

《皇明纪略》记正德以前明朝史事，有的是委巷的传闻。此书有浙江范懋柱家天一阁藏本。书中记曰："宣庙好促织之戏，遣取之江南，其价腾贵至十数金。时枫桥一粮长，以郡遣觅得其最良者，用所乘骏马易之。妻妾以为骏马易虫，必异，窃视之，跃去矣。妻惧，自缢而死。夫归，伤其妻，且畏法，亦缢焉。"

弘治朝去宣德朝不过五十年，皇甫录为官顺庆府尹，顺庆府为今日之重庆，皇甫录身为苏州人，虽然他没有生在宣德一朝，终归相去未远。枫桥乃苏州属地，本地发生之事几十年来尚有流传，倒是可以理解的情形。

较确凿的记录反而见于较晚的王世贞的笔记。

王世贞其族祖出自山东琅琊郡王氏，是名门望族。到他这代，已为苏州府太仓州人，王世贞生于嘉靖五年，即公元1526年，卒于万历十八年，即公元1590年。他生活的年代去宣德年间已然百年，却正是今日所能见到的几部蟋蟀谱刊刻、行世的时代。《秋虫谱》刊刻于嘉靖丙午，即嘉靖二十五年，那年王世贞二十岁；《鼎新图像虫经》、周履靖续增之《促织经》皆刊刻于万历年间，王世贞是否见过已不得而知，但可知当时风气较盛。王世贞在当时算得上是文坛盟主，与李攀龙同为"后七子"首领，倡导文学复古运动，认为"文必秦汉，诗必盛唐"，在当时有很大影响。其家藏书甚富，自称平生所购《周易》《礼经》《毛诗》《左传》《史记》《三国志》《唐书》之类，过三千余卷，均为宋本精椠。家有别墅"弇州园"，于园后建"小酉馆"，贮书达三万余卷。另将经学之书专藏于"藏经楼"中。王世贞在史学方面有《弇山堂别集》一百卷，后来松江人陈复表将其所著的各种朝野载记、秘录等汇为《弇州史料》，前集三十卷，后集七十卷，内容包括明代典章制度、人物传记、边疆史地、奇事佚闻等，是一部较完整的明代史料汇编，可信度亦高。

《弇州史料》中有一则记录了宣宗皇帝与蟋蟀有关的旧事："宣德九年七月，敕苏州知府况钟：比者内官安儿吉祥，采取促织。今所进促织数少，又多有细小不堪的，已敕他每于末后进，自要一千个。敕至，尔可协同他干办，不要误了。故敕。"

像这类事，在当朝以及宣德帝身后未久，不论官民都是不敢提及的，有妄议圣上之罪。至万历朝，事已百年，故敢明言，也与皇甫录所言"枫桥"粮长相符。枫桥乃是苏州治下的区域，因唐代张继的《枫桥夜泊》诗而名噪天下。

约同一时期，沈德符《万历野获编》也有相关的记述。

沈德符，浙江秀水（今浙江嘉兴）人，生于万历六年，即公元1578年，卒于崇祯十五年，即公元1642年。沈德符本人是万历四十六年（1618年）举人，他的祖父、父亲都是科举出身，曾任职监司词林。他自幼生长于北京，曾得以在国子监读书。据说他聪敏好学，每天都要读一寸厚的书籍。

《万历野获编》卷二十四《技艺》有"斗物"条："我朝宣宗最娴此戏，曾密诏苏州知府况钟进千个。一时语云：'促织瞿瞿叫，宣德皇帝要。'此语至今犹传。苏州卫中武弁，闻尚有以捕蟋蟀比首虏功，得世职者。今宣窑蟋蟀盆甚珍重，其价不减宣和盆也。近日吴越浪子有酷好此戏，每赌胜负数百金，至有破家者。”

朱国桢《涌幢小品》“杂物”言之更详，云：“余祖月溪翁云：‘蟋蟀瞿瞿叫，宣德皇帝要。’盖宣庙时有此好，采之江南者。苏太守况钟被敕，索千个，不许违误，此宣德九年七月事也。”

朱国桢，万历十七年（1589年）进士，累官国子监祭酒，以病谢官归家，长时间不仕。其生年不详，卒于崇祯五年，即1632年。

宣德皇帝玩虫是尽人皆知的事，对明代民间的斗蟋风习不会没有推动作用，但是我们在各类史料中却看不到明初到明中期之间北方有玩虫的记录，这可能和气候条件有关。明初似乎北京的气候依然较为寒冷，可能产虫较少，或虫不堪用，也可能和北方尚无玩斗蟋蟀的习俗有关，抑或两者皆然；不然宣德帝也不会舍近求远，敕令千里之外的苏州承担贡虫的义务。

不独北方，南方玩虫的记录也基本不见，明代的私人笔记流传今日者甚多，但不见有所提及，这和我们随后要提及的明晚期的情况恰为鲜明对照。大致上可以说明，明代初期斗蟋活动在北方尚属高层的游戏，民间并不普及，南方地区玩虫的习俗应当自南宋以来不曾断绝，但风气似乎也并不很盛。这大约和气候条件有一定的关系，当时尚处于一个较为寒冷的时期，北方地区未必适合养虫。

数年前某拍卖行曾出现一幅《御花园赏玩图》，其中有斗蟋蟀的场景。款署：“成化二十一年仲冬吉日”，那年为公元1485年，有人据此认为此图是对明宪宗成化帝的写照。但从内容上看，似乎不太可能。成化帝的确是宣德帝之后又一位创造了瓷器烧造高峰的人物，著名的斗彩瓷器就诞生在他的时代，但说成化帝亦有玩虫嗜好却未必。

成化帝在位二十三年，如果成化帝确有赏斗蟋蟀的爱好，各类史料中不可能全无踪迹。宣德皇帝身后，老太后百般用心也没能挡住民间的流言，成化帝即位时去宣德帝三十年，著录《皇明纪略》的皇甫录是弘治朝进士，弘治上承成化，皇甫录大约就应当出生在成化年间。成化帝与宣德帝之间虽然隔着三任帝王，但成化帝却是宣德帝的孙子，只是他出生时，宣德皇帝已然作古，他是没见过宣德皇帝的。如果成化帝真有玩虫的事实，何以不见皇甫录提及？而且《弇州史料》和《万历野获编》这类深得史家推崇的著述，都曾提及宫廷斗蟋之事，但对成化帝玩虫却丝毫不提，可知成化帝赏玩蟋蟀之事并不可靠，或出自后人臆断。《御花园赏玩图》为关冕钧之旧藏，著录于《三秋阁书画录》，关氏已为清末民初人士，此画作在之前的流传过程全无痕迹，究竟何时所绘不能确知，但所绘内容显然不能认为是宪宗事迹。

至嘉靖朝时，南方的斗蟋活动显然已很活跃，不然社会上就不会出现对蟋蟀谱的需求。我们今日所能见到的最早的蟋蟀谱也就产生于这时。《重刊订正秋虫谱》刊于嘉靖丙午，是为嘉靖二十五年，即1546年，此时去宣德末年已一百一十年。此谱并非原创，而是重刊，重刊者署为“贾秋壑辑，王淇竹校，步虚子重校”，书口又有“奋翼馆”

字样，可以看出重刊者并非专为扬名，应当是与蟋蟀竞斗或与商业行为有关的机构所为，说明当时有一定的市场需求。

我们可以从陆粲的笔记小说中看出这一点，陆粲生于明孝宗弘治七年（1494年），卒于世宗嘉靖三十年（1551年），南直隶苏州府长洲人，嘉靖五年（1526年）进士。早入词馆，颇负盛名。陆粲的《庚巳编》载有和斗蟋蟀有关的事：

"吴俗好斗蟋蟀，里人张廷芳为之辄败，至鬻家具以偿，岁岁复然，遂荡其产。而素事元坛神颇虔。一夕，梦神曰：'吾遣黑虎助汝，化身在天妃宫东南皂荚树下。'明日，张往寻之，果得一大黑蟋蟀，斗无不胜，旬日获利，较所丧者加倍。"内容虽荒诞不经，但反映出当时有斗蟋蟀赌博的习俗，且输赢较大。

嘉靖在位四十五年，在明代帝王中在位时间仅次于万历，但执政时间却是最长的。嘉靖帝执政和万历皇帝有某些类似，前二十年颇有朝气，励精图治，《明史》以嘉靖二十一年（1542年）"壬寅宫变"为界，把嘉靖治国分为前后两期，说他"御极之初，力除一切弊政，天下翕然称治。顾迭议大礼，舆论沸腾，幸臣假托，寻兴大狱。夫天性至情，君亲大义，追尊立庙，礼亦宜之；然升祔太庙，而跻于武宗之上，不已过乎。若其时纷纭多故，将疲于边，贼讧于内，而崇尚道教，享祀弗经，营建繁兴，府藏告匮，百余年富庶治平之业，因以渐替。虽剪剔权奸，威柄在御，要亦中材之主也矣"。自嘉靖二十一年移居西苑，嘉靖帝一心修道，政事颇有废弛之象，其间又有严嵩专权二十余年，地方官员心存犹疑，不敢妄行。但是嘉靖朝的优长之处，在于集权的松懈和妥协，导致了市民社会渐起，商品经济得以发展。嘉靖年间，贸易市场有长足的发展，就连医师与药店也已分营，可知社会分工已然较细。税务在国计民生中有了举足轻重的地位，服匠役的劳动力可以用银两抵换，改变了自洪武以来的祖制。明初，劳役、税负皆以实物和实际出工支付，整个社会放弃了商业的手段而屈就于低端的劳务便利，至永乐朝已有变化，至嘉靖朝则已是风气大变。商业社会的活跃使得文人和平民的生活有了更多的选择和自由空间。《剑桥中国明代史》中言及嘉靖一朝时说："一般认为（这）是一个经济非常活跃的、农业技术和生产发展的、纺织品和手工业生产大规模发展的时代。"（中国社会科学出版社，1992年，第552页）同时，也是文化繁荣和思想活跃的时期，"开了晚明和清代严密的、批判的学问的先河"（同上书，第489页）。

《水浒传》和《三国演义》也都刊刻于这个时代。这说明嘉靖时期的社会环境有了较宽松的氛围。嘉靖帝崇道教，信鬼神，流风所及，亦影响了社会风气，蟋蟀谱刊刻复兴于这个时代是不奇怪的。

至万历时，蟋蟀咬斗在南方已经非常普及，乃至于赌斗成风。这种社会风气的形成也仍与当时政局有关。

黄仁宇先生在《万历十五年》中对万历怠政已有较多涉及。万历皇帝是明代皇帝中在位时间最长的一位，共计四十八年。万历帝因改立太子之事遭群臣阻碍，以消极怠工与群臣对抗，自万历十四年以后，竟有三十年不上朝的记录，亦为历史仅见。万历皇帝倒也不是全然不处理政事，只是其消极的态度随处可见，以至于某些官员一经去世，其官位从此空缺。最极端的时期，朝中六部大员空缺三分之二，如此一来，传统科举取仕的激励价值大大降低，士人阶层对仕途前景亦感渺茫。

冯梦龙生于万历二年（1574年），活了七十二岁，他的青壮年时期就是在万历朝度过的，与汤显祖、袁宏道这样一批文人属同时代人，我们今天依然可以从“三言”“二拍”中感受到那个时代的市民化、商业化的氛围。

《万历野获编》成书于这个时期，除了述及宣德帝的斗蟋旧事，亦提及当时蟋蟀盆的交易，并云：“近日吴越浪子有酷好此戏，每赌胜负数百金，至有破家者。”可知万历时斗蟋赌博在吴越地区已为流弊。

周晖《金陵琐事》为万历三十八年（1610年）刻本，书中记：“南京的斗蟋蟀，斗之有场，盛之有器，掌之有人，必大小相配，甚至两家方赌，傍猜者群集。”

周晖，字吉甫，号漫士，又号鸣岩山人，上元人。上元即今日之南京，周晖一生不仕，但有文名，属地方名士。当地人言当地事，自当可信。《金陵琐事》所记亦反映出当地的蟋蟀赌斗亦已进入公共空间。

《鼎新图像虫经》和周履靖之《促织经》皆刊刻于万历时期。这两部书较此前之嘉靖本《重刊订正秋虫谱》，都有新增内容，皆收录有济公和尚的三首诗词：《济颠和尚瘗促织鹧鸪天》《把火文》《又撒骨文》。

《济颠和尚瘗促织鹧鸪天》诗曰：

促织儿，王彦章，一根须短一根长。只因全胜三十六，人总呼为王铁枪。休烦恼，莫悲伤，世间万物有无常。昨宵忽值严霜降，好似南柯梦一场。

《又把火文》诗曰：

这妖魔本是微物，只窝在石岩泥穴，时常夜静更深，叫彻风清月白，直聒得天涯游子伤心，寡妇房中泪血，不住地只顾催人织，空费尽许多闲气力，又非是争夺田园，何故乃尽心抵敌，相见便怒尾张牙，扬须鼓翼，斗过数交，赶得紧急，赢者扇翅高声，输者走之不及，财物被人将去，只落得些儿食吃，纵有金玉雕笼，都是世情虚色，倏忽天降严霜，彦章也熬不得，今朝归化时临，毕竟有何奇特，仗此无明烈火，要判本来面目。

咦，托生在功德池边，却相伴阿弥陀佛。

《又撒骨文》诗曰：

一夜青蛾降晓霜，东篱菊芷似金妆，昨宵稳贴庄周梦，不听虫吟到耳旁，大众万物，有生皆有死，鸟雀昆虫亦如此，今朝促织已身亡，火内焚尸无些子，平生健斗势齐休，彻夜豪吟还且住，将来撒在玉湖中，听取山僧分付汝，冤与孽，皆消灭。

咦，一轮明月浸波中，万里碧天光皎洁。济公念毕，把灰向湖中一丢，一阵清风过处，现出一个青衣童子，合掌当胸曰：感谢我师点化，弟子已得超升。言讫，风息不见。噫，亦知微物之有感化者，故并入以备观赏。

民间所说济公和尚为南宋高僧，法号道济，浙江省天台人，初在国清寺出家，后到杭州灵隐寺居住，被列为禅宗第五十祖，杨岐派第六祖，撰有《镌峰语录》十卷，还有很多诗作，主要收录在《净慈寺志》《台山梵响》中。有关济公和尚的生卒年代有争议，《净慈寺志》载道济于“嘉定二年（1209年）五月十六日索笔书偈”后入灭。可知，道济生于宋高宗绍兴十八年（1148年），卒于宋宁宗嘉定二年（1209年），一般认为此说较符合（或接近于）历史事实。其他说法中有认为济公和尚出生较早的，但卒年一般没有争议。那么，济公和尚圆寂时，贾似道尚未出生，要四年后的1213年才来到人世。而姜夔、张镃以蟋蟀为题唱和，事在宋宁宗二年，即公元1196年。故济公在世时，世面上的确已有斗蟋风习，但济公和尚斗蟋蟀的故事却很可能来自后世的附会。

有关济公和尚的诗词皆出自《净慈寺志》，但此书是明末天启年间由净慈寺住持释大壑主持编修的，前后凡二十余年，四库全书收录的就是这个版本。天启年间为1621—1627年，是万历朝之后的朝代；《台山梵响》则更晚，为清代黄维翰所辑，已是晚清的事了。而《鼎新图像虫经》

和《促织经》皆为万历刊本，当时已录济公和尚诗词，可知他的诗词亦是经由民间流传而被《净慈寺志》采录，可是这三首诗词却不见于更早的嘉靖本《重刊订正秋虫谱》，嘉靖一朝因为当朝皇帝极推崇道教，佛教故事不盛，似可解释。但如果济公和尚确有斗蟋蟀之事，那么宋本蟋蟀谱何以不提？著录过《负暄杂录》的顾文荐，为南宋入元人士，既能言之凿凿地说五百年前唐代有赌斗蟋蟀的事迹，何以对本朝济公斗蟋蟀就不提及呢？南宋晚期的笔记《西湖老人繁胜录》、周密的《武林旧事》都曾提及蟋蟀事，也不见有济公和尚的丝毫痕迹，显然当时并没有这类传言。由此可知，济公斗蟋蟀的故事应当出自嘉靖以后，即万历中晚期之事。从这三篇诗文中，也明显可以看出是依附于故事的诗文，其行文方式也与明代晚期话本小说的风格相类似，《济公传》出现在明末清初，当是民间文学历经数十年的提炼和集成。故而济公斗蟋蟀不能视为信史，只能视为明代晚期民间文学的创作，反映的是明万历以来的社会状况。这类创作也影响到了清代蒲松龄的《聊斋志异》。

至明代后期，史料中始出现北方斗蟋蟀的记录，袁宏道随笔中有“畜促织”条，后由陶珽改为《促织志》，收录于《说郛续》，文中说：“京师人至七八月，家家皆养促织。余每至郊外，见健夫小儿，群聚草间，侧耳往来，面貌兀兀，若有所失者。至于溷厕污垣之中，一闻其声，踊身疾趋，如馋猫见鼠。瓦盆泥罐，遍市井皆是，不论老幼男女，皆引斗以为乐。”

袁宏道生于隆庆二年，即公元1568年，万历继位时他五岁，他只活了四十三岁，殁于万历三十八年，即1610年，没活出万历朝去。袁宏道是湖北公安人，万历二十年中进士，此后做过吴县知县，后为礼部主事、吏部验封司主事、稽勋郎中、国子博士。所以袁宏道的记述是亲历北京之后所目见，而非耳闻，以此推之，应当是万历二十年以后至三十八年之前北京的情况，以公元计，则为1592—1610年之间。

究竟从何时开始，南方斗蟋风气渐及北方，还缺乏史料的说明，但我们却可以通过气候条件看出一些端倪。据竺可桢先生的研究："近人曾经根据六百六十五种方志统计了太湖、鄱阳湖、洞庭湖、汉江和淮河的结冰年代（13世纪至20世纪），以及近海平面的热带地区降雪落霜年数（16世纪开始）。从这些材料可以看出，我国温暖冬季是1550—1600年和1720—1830年间。寒冷冬季是在1470—1520年、1620—1720年和1840—1890年间。以世纪来分，则以17世纪最冷，19世纪次之。"

竺文中提及的寒冷冬季包括1470—1520年。1470年为成化六年，历弘治一朝，至1520年为正德十五年，两年后就是嘉靖朝了。

温暖冬季在1550—1600年，1550年为嘉靖二十九年，再历隆庆一朝，至1600年为万历二十八年。《重刊订正秋虫谱》刊刻于嘉靖二十五年，是在正德十五年寒冷期结束后，进入一个向温暖期过渡的时期产生的，其实此时的气候条件较之明初已有较大改善。

第二次出现蟋蟀谱的时期是在万历年间，也是在温暖

图十五：万礼张蛐蛐罐款识

期。而北方出现广泛的玩虫习俗，也应当与1550年之后这五十年的温暖期有关。在万历时期，北方斗蟋渐已成风，可以通过袁宏道的笔记得到证实。而京畿一带也开始烧造蟋蟀罐，虽然只有“万礼张”这个字号流传了下来，但是估计当时烧造蟋蟀罐的未必仅此一家。从万礼张蟋蟀罐（见图十五、第127页图十八）的器形上看，则明显带有从南盆向北罐演化的特征，间接地说明风气虽开，却也未久。这也可以说明北京一带民间的斗蟋活动很可能就普及于万历时期。

只是万历皇帝似乎并未参与斗蟋活动。

太监刘若愚，万历二十九年（1601年）入宫，《明史·宦官列传》中说他“善书、好学、好文”，天启初，入内直房主笔札。崇祯帝登基后清算魏忠贤余党，次年，刘若愚入狱。刘若愚在囚禁期间，从崇祯二年至十四年（1629—1641年），作《酌中志》，原书二十三卷，后人节选其有史料价值的第十六卷至二十卷，校勘重印，是为《明宫史》，涉及自万历以降宫中诸多内情，多为外人所不知，书中“火集·饮食好尚·七月”提及蟋蟀：“善斗者一枚可值十余两不等，有名色，以赌博求胜也。秉笔唐太监之征、郑太监之惠，最识促织，好蓄斗以为乐。”

刘若愚所述之事当在万历至天启之间，天启皇帝醉心于木匠手艺，还曾经着人将自己的木作带到集市上售卖，以寻找成就感，但于蟋蟀似乎并无兴趣。万历皇帝如有斗蟋的爱好，则必有内廷太监因此而获益，刘若愚无不记之理。但刘若愚未曾提及，说明没有此情况。

万历以降斗蟋风气虽波及宫内，但玩斗习俗却以民间为主。闵景贤写过《观斗蟋蟀歌》：“燕市斗场户挨户，正酒色天好决赌。各提斗盆绣花缕，摩挲入手澄泥古。”

闵景贤事迹不详，今之流传，可见明天启六年（1626年）刊刻之《法楹》；又有《快书》十二卷，亦刊刻于天启年间，编纂者皆为此人，知其活跃于明代后期，其所见与袁中郎所记相符合。

王醇《促织》诗中有“风露渐凄紧，家家促织声”，亦为当时写照。

王醇，扬州人，生卒年代不详，曾有《答王亦房病中见送北归》诗，知其与王亦房时代上有交叉。清乾隆朱彝尊《静志居诗话》在论及董思张时，间接提及王亦房：“董思张，字遐周，嗣成弟，国子监生……遐周初学诗于周广业，及入闵心折曹能始，归与吴允兆、王亦房酬和。是时公安、竟陵派盛行……”

文中提及“是时公安、竟陵派盛行”，可知王亦房亦为明万历以降之人物，亦可知当时京城斗蟋风气正炙。

不过这种情形延续到明末有所衰减，刘侗之《帝京景物略》卷三之“胡家村”有关于斗蟋风习的记录。此书刊刻于崇祯八年（1635年），后经陶珽收录于《说郛续》，改名为《促织志》。刘侗是崇祯六年（1633年）进士，湖北麻城人，其所记京城事迹，亦当反映的是崇祯六年入京后的见闻，即公元1633年左右的情形：

产

永定门外五里，禾黍嶷嶷然被野者，胡家村，禾黍中，荒寺数出，坟兆万接，所产促织，矜鸣善斗，殊胜他产。

捕

秋七八月，游闲人提竹筒、过笼、铜丝罩，诣蓁草处，缺墙颓屋处，砖甓土石堆磊处，侧听徐行，若有遗亡，迹声所缕发，而穴斯得，乃掭以尖草，不出，灌以筒水，跃出矣。视其跃状而佳，逐且捕之。

俗

凡都人斗蟋蟀之俗，不直闾巷小儿，贵游至旷厥事，豪右以销其赀，士荒其业，今亦渐衰止，惟娇姹儿女，斗嬉未休。

刘侗在文中留下了北京人“分虫”的记录。所谓“分虫”，是指以人工的方式，孵化虫卵，以用作冬季的鸣虫。可知到明末之前，北京人玩虫已经很精细了。

但袁宏道与刘侗的《促织志》，虽前后相去不过二三十年，两相比较，差异还是明显的，主要体现在风气的盛衰。

袁宏道所见："瓦盆泥罐，遍市井皆是，不论老幼男女，皆引斗以为乐"，可知风气很盛。刘侗所见"凡都人斗蟋蟀之俗，不直闾巷小儿，贵游至旷厥事，豪右以销其赀，士荒其业，今亦渐衰止，惟娇姹儿女，斗嬉未休"。大约到崇祯六年前后，回归到了小儿的游戏。其间区别当与气候的变迁有关，亦与山雨欲来之大势有关。

1600年温暖期骤停，气候开始转化，这是气候原因。另有政局的原因，早在万历末期，东北之满人已然崛起，万历四十七年，即1619年，明朝的十万大军在东北被努尔哈赤的六万兵马击破，《剑桥明代史》说："虽然新近的研究指出，在17世纪20年代初，满洲军队要比他们那时看起来弱小得多，但中国军队的拙劣表现使朝廷陷入一种近乎惊慌的状态。1621年5月16日，北京宣布戒严，援军被仓促派往前线。""在1621年至1627年间，明帝国的经济还受到其他因素的有害影响，杭州、北京和其他主要城市的火灾，烧毁了成千上万的人家和商家。1622年，现甘肃省平凉地区的一次大地震，造成重大财物损失，据说死了12 000多人。1623年，这个时期从山东半岛南部入海的黄河，在南直隶北部冲垮堤坝，淹没了徐州及其周围的大片土地。"

不仅如此，有白莲教徒参加的最严重的起义也发生在1622年，是为天启二年。崇祯初期的1628年春，陕西连续四年大旱，朝廷赈灾不力，导致农民暴动，那时，李自成、张献忠俱在义军之列。《剑桥明代史》中说："1629年12

月，努尔哈赤第八子和继承人皇太极率领军队出人意料地从山海关西边入长城，直捣北直隶……随后的几个月，明朝军队在北直隶遭到一连串失败。1630年1月14日，满族人分兵占领北京以南三十英里的固安，十几天后，受尊敬的将领满桂在永定门外战死；2月中旬，当满族人终于退出北京地区时，国门前真可说是尸横遍地。但是，满族人的出征并没有结束，他们接着扫荡了北直隶东部的几座城市，然后在山海关西南仅几英里的地方停下。”

刘侗于1633年前后所见，已是京城人心惶惶，大明朝风雨飘摇的年代了。这也解释了在万历时期北方一度兴盛的烧造蟋蟀罐的产业，何以昙花一现，未能延续。当北方再次出现烧造蟋蟀罐的高峰时，已是半个多世纪以后清代的康熙年间，甚至更晚一些。

据说国破家亡之际，南明小朝廷之马士英在南京仍玩斗蟋蟀，被称为“蟋蟀相公”。据《柳南随笔》载：“马士英在弘光朝为人极似贾秋壑，其声色货利无一不同，羽书仓皇，尤以斗蟋蟀为戏。”弘光朝为南明小王朝，是由万历皇帝之孙朱由崧所建，在位时间为1644—1645年，仅一年多。马士英斗蟋蟀就是这个时期的事。

《柳南随笔》为王应奎所著，他是江苏常熟人。王应奎出生时已为康熙二十二年，即1683年，著有《柳南诗钞》《柳南文钞》等。其事迹见《国朝诗人徵略初编》卷二、三。该书内容大致可归为两类，一是读书所得，随手札记；二是记自己所见所闻。王应奎广闻多识，喜访旧事轶闻，书中很大一部分是记士大夫文人的遗闻轶事、社会习俗、风土人情等。此书刊于乾隆五年（1740年），嘉庆时张海鹏合刻《随笔》《续笔》，收入《借月山房汇钞》。

王应奎对史实要求较苛刻，所记应当有可信度。但对马士英的记述是否和入清以后官家主导的对南明小朝廷刻意污名化的影响有关，则不好臆断。只是将南明的覆亡一味取道德化的批评，则显然对家国剧变之背后动因缺乏深层的洞见。

二　蟋蟀器物

明代的蟋蟀器物可以分为两类视之——瓷质蟋蟀罐与陶制蟋蟀罐。而陶制蟋蟀罐又分南盆与北盆。

1. 陶制蟋蟀罐之南盆

民国早期李大翀纂集之《蟋蟀谱》，其蟋蟀罐图录多沿袭自《鼎新图像虫经》，但也有不见于前谱者，其中就有“永乐盆”图样，不知所据为何，何以明代的《鼎新图像虫经》不加著录呢？永乐盆亦不见于其他史料，故难以轻易采信。

明代烧造陶制蟋蟀盆，见诸史料者都指向宣德时期的苏州陆墓。陆墓，因三国时吴国名将陆逊葬于此地而得名，今改名为陆慕。

《戒庵老人漫笔》载：“宣德时苏州造促织盆，出陆墓邹、莫二家，曾见镂雕人物，妆彩极工巧。又有大秀、小秀所造者尤妙，邹家二女名也。久藏苏州库中，正德时发

图十六：彩泥镶嵌盆

出变易，家君亲见。”

《戒庵老人漫笔》，八卷，李诩撰。李诩生于正德元年，即公元1506年，待其成年时，距宣德一朝已然百年。他卒于万历二十一年，即公元1593年，享年八十八岁，算得上长寿之人。他一生主要生活在江阴常熟一带，《戒庵老人漫笔》算得上是明代笔记中较为重要的一本，记载了有关明代政治、经济等方面的内容以及相应的典章制度，保留了宋元和明代人物言论行事及其诗文、书信，记述了明代的社会异闻。如今列于国家善本书目。

从李诩的叙述看，大秀、小秀的制品藏于苏州库房，一直不敢动，大约真是宣德帝当年征用的贡品，直到宣德帝故去七八十年之后，正德帝当政期间，既能干又荒唐，却无玩虫的嗜好，此时才拿出来变卖。即使是变卖，当时应当有被民间收藏的。大秀、小秀所造蟋蟀盆，今不获见，至少难以断定。但传世品中尚能见到镂雕后再以彩泥镶嵌之盆：皆南盆形制，薄壁，以七巧板嵌底（见图十六）。

陆墓烧造陶制蟋蟀盆自宣德以来，一直未有中断，南盆中嘉靖款、万历款都有传世品，品类很多。

清人朱琰《陶说》卷六“说器”：“戗金宣盆最重，亦有戗金蟋蟀盆，《吴梅村集》有歌。又，苏州陆、邹二姓所造，极工巧，雕镂精致，出之大秀、小秀者尤妙。大小秀，邹氏二女也。当时重促织之戏，胜负至千百，不惜重直购盆，故精巧如此，匪独陶器。”

朱琰，字桐川，别号笠亭，海盐人。清乾隆三十一年丙戌（1766年）进士。客居江西时，留心瓷业，通过参考经史子集中有关文献与访问老艺人，考察窑器烧制方法和成品，撰《陶说》一书。《陶说》分六卷，初刻本为清乾隆三十九年（1774年），包括说今、说古、说明、说器四大部分；重点是说今和说明，叙述了明、清两代的代表性官窑瓷器及其制造法。说古和说器部分则按陶瓷器的出现顺序做了历史性的介绍。该书算得上是中国第一部著名的陶瓷史。但景德镇烧瓷而不烧陶，朱琰又是清代乾隆年间人士，言宣德事，中间已隔三百余年，不免得自传闻及史料，且将邹、莫二家记成了陆、邹二姓，可知其考证不严。文中所述戗金盆今已无实物流传。

乾隆时期刊刻的《虰孙鉴》对明盆亦有记述，其作者朱从延乃松江人士，其文曰：“唐时宫中仅以金笼贮置枕函畔，以听其声，闻赵宋后始有盆。余尝闻当湖延陵氏家藏一盆，系贾平章半闲堂遗物，金饰郑重，完好精美，足称雅玩。时有好事者数欲钩致之，终不能夺，后阅墙致毁，深足惋惜。明以宣德盆为贵，其款识大小具备，无不各极精工。有一种名夹底盆，内用磨细五色砖片，间杂成纹，镶于盆底，如铺方砖式。外则有纯素者，如古炉之精彩熠熠，光可鉴人。有细镂花鸟锦文，嵌以珠宝，饰以金碧，绚烂夺目。维时商山巨室，多尚此盆，后人称为商山盆，间得一二可置案头清玩……”

上海画报出版社近年所出《蟋蟀盆》一书，主要著录南盆，书中对明代盆简述如下：“沿袭宋元的传统，器形高大而深，一种为浅雕盆，另一种是净面盆。浅雕盆有各种图式，人物、故事、花卉、虫草等，制作工巧，雕镶精妙。净面盆，表面不着一物，极为素雅，线条挺拔而内敛，造型简约而古朴，对细节尤为关注，盆壁应设计的要求有很多微妙的变化，明代的制家对名款尚未重视，所以许多明代盆是没有名款的”；有关晚明至早清：“这个时期总体上显现的风格是明代的特点，盆身渐渐开始有了些装饰，这种装饰的发展形成了清代蟋蟀盆纹饰的典型风格。”

此书亦涉及不少制盆家，照录如下：

明代：于叔宁、于瑞章、王同友、吴中高、邹奕菱、邹御臣、邹敬桥、邹亿清、曹惠章、曹念慈、曹习章。

明末清初：于玉章、于成章、于九皋、于有亮、于庭侯、王孙监、李公亮、李洪亮、李圣侯、李德茂、李东皋、李东旭、李圣明、邹宏发、邹振宗、邹显文、邹显明、邹元隆。

2. 陶制蟋蟀盆之北盆

南盆与北盆之差异首先在于壁之厚薄，其次在于器形的高度。这主要是南北气候有较大差异所致。

北方不像南方那样潮湿，但昼夜温差较大，气候变寒亦常常是一夜之间。南盆壁薄、扁浅而无须捶土底，皆着眼于不存湿气，但在北方却不适用，北盆壁厚是为了延缓外部空气骤热骤寒给蟋蟀带来的不适感，捶土底则为了储存一定的水分，防止空气过于干燥而导致的罐内湿度较大的起伏。既然要捶土底，腔体自然就高，要预留出土底的厚度。种种不同皆是因地制宜，以适虫性。

之所以将罐体的高度列为次要指标，则在于北盆中亦有扁矮的一路，称为磨盘罐，其目的是不需要加放过笼，有便捷之利，亦有专蓄短须虫的功能，使之较易探知顶部，以免蹦盆而致破头或伤残。

北方咬斗蟋蟀的历史晚于南方，陶制蟋蟀罐的烧造亦晚于南方。王世襄先生《秋虫六忆》曾著录宣德双狮纹陶制蟋蟀罐一只，为厚壁，是为北盆。产于何地不详，是否确为宣德年间烧造亦有争议。虽缺乏严格的证据，但王世襄先生的论证大致成立。

另中国历史博物馆藏有一龙纹罐，盖内篆纹戳记“仿宋贾氏珍玩醉茗痴人秘制”十二字，罐底龙纹图记内有“大明宣德年制”款（见石志廉《蟋蟀罐中的几件珍品》，《燕都》1978年第4期），王世襄先生曾目见，但认为“戳记文字及年款式样均非明初所能有，乃妄人伪造”。此意见较为中肯，从形制看，的确似为晚清产品。

其实就社会状况而言，北方烧造蟋蟀罐，技术上不是问题，比如唐代时北方就开始烧造澄泥砚，虽说澄泥砚质地过于细密，不适合用于蟋蟀罐的烧造，但是从技术上考虑，由高密度简化为低密度，也就是降低技术指标，应当是容易实现的；再者，明代皇宫所用城墙砖，是由临清烧造的，据黄仁宇的研究，年产量在100万块，万历二年以后，减少到70万块。当时运输漕粮的每艘船只，要顺便运输砖40到48块，民船则减半。只有为宫廷建筑使用的釉砖，才由苏州烧造，运输釉砖还需专用的驳船。分用途、分地烧造，这种安排考虑的也是运输的成本。这说明北方烧造业已很成熟，皇家征用的砖块，从选土、练泥，到成型、阴干，乃至烧制，工序繁琐不亚于烧造蟋蟀罐。北方较晚出现蟋蟀罐的烧造，应该和此前北方斗虫风气未盛有关。

目前所知，北方民间烧造陶制蟋蟀罐要迟至万历年间才出现，是为“万礼张”。这是目前所知最早的北盆。万礼张盆经王世襄《秋虫六忆》整理和研究，以款识分，为八种：万礼张造、白山、秋虫大吉、永战三秋、永站三秋、怡情雅玩、永远长胜、春游秋乐；另有光素无款识者一，共为九种。畅安先生文中附有款识拓片六种，唯“秋虫大吉”“永远长胜”两种没有拓片。

万礼张盆的特点在于外皮虽细，但内里却泥质较粗，故而罐体分量较轻，蛩家总结为“糠胎大瓮刀削底”。糠胎，透气性极佳，应当是行家所为。王世襄说，要论观赏性，万礼张不及子玉罐，但养虫却胜过子玉。这也是晚清至民国时期行家们一致的看法。

之所以敢说万礼张盆是北方最早的蟋蟀罐，主要还

图十七：怡情雅玩蛐蛐罐

是因为万礼张盆明显带有从南盆演化为北盆的痕迹，其间细微的差异，可以看出其发展的脉络。早期，其基本形制为平底无圈足，盆壁较薄，器形较矮。较典型的有“怡情雅玩”（见图十七），径13.7厘米、高8.3厘米，壁厚1.1厘米。壁厚介于常见之南盆与北盆之间，但是高度却是南盆的尺码，也比宣德瓷质盆要矮。但是部分盆，盆底已有圈足，比如“永站三秋”。但腔体依然较矮，不及后世盆高大。

万礼张之后，有一款“青年张二”，为天津某藏家所藏，泥质、器形皆与万礼张相类，有人认为是万礼张早期产品，也有人认为是万礼张的子侄辈所制，目前尚无定论，但大致上可以认为是同时期的产品。

自万礼张的过渡，北方蟋蟀盆基本定型于厚壁，腔体

图十八：早期万礼张与赵子玉蛐蛐罐对照

较高，下设圈足等规范，基本采用平落盖而非南盆常见的天落盖。也正是由于腔体的高深，北方器物开始称为“罐”，而南方依然称为“盆”。虽然这也不是严格的界定，北方也常常盆、罐混称，但大致上约定俗成，沿袭至今。及至清代赵子玉在京畿一带烧造蟋蟀罐，北方玩家称“盆”的就不太多了（见图十八）。

明代蟋蟀罐当时的价格，各类文献皆未载。但是从袁中郎、刘侗的记述中可以看到，每到秋时，家家皆养蟋蟀，可知一般蟋蟀罐并非贵重之物。唯《戒庵老人漫笔》所载宣德时苏州大秀、小秀所造者，久藏苏州库中，正德时被变卖。既然值得一记，估计价格不菲。但具体数值欠缺而不得知。

3. 瓷质蟋蟀罐

瓷质蟋蟀罐由于景德镇御窑厂近年的出土，已有实物可见。

此前，宣德朝之器物有两大谜案，一个是宣德炉，一个就是蟋蟀罐。两者都是见诸史料，却少见实物传世。传世的宣德炉，没有一只能够坐实为宣德时期制作的；而瓷质蟋蟀罐，不见于故宫明代瓷器遗存，整个大清朝，都很少有人能得缘一见。就当代而言，此前也仅见于耿宝昌《明清瓷器鉴定》之著录，是一件残器，缺盖，乃青花器，外壁饰青花牡丹纹，宽圈足近于平足，罐底有双圈“大明宣德年制”竖排两行青花款。直至近年，才有香港佳士得于1989年拍卖过一只黄地青花瓜叶纹蟋蟀罐，纹饰与宣德器一致，但无款。

直至1992年和1993年，景德镇在城市建设过程中，于珠山路、中华路分别出土了瓷器残片，从而揭示出明代早期御窑厂的遗存，发现一大宗被人为砸碎的蟋蟀罐遗物，有关情况，景德镇陶瓷考古研究所刘新园先生，在其《明宣德官窑蟋蟀罐》一书中作了详细报道，证实了民间野史记录的宣德皇帝嗜好赏玩蟋蟀（见图十九）。

刘新园先生的著录非常详尽，唯于烧造此盆的用途一节颇有迟疑之处。确如刘新园先生所说，瓷盆不利于养虫，历代养家也没有用瓷盆养虫的，宣德帝不可能不懂；且又有史料指出宣德帝曾于姑苏陆墓镇订制陶制蟋蟀盆，因这个缘故，刘新园先生将此类瓷质蟋蟀盆定为斗盆，并且指出，出土器有的罐底不施釉，有的则故意施釉不匀，以保

图十九：宣德官窑蟋蟀罐

持其涩而不滑，这亦是认定其为斗罐的原因。

刘新园先生毕竟不是蟋蟀玩家，对赏玩蟋蟀的流程和细节不甚了解。以我看来，此盆亦非斗盆。其实斗盆并非光底，一般是要捶一层土底，从清代传世的斗缸看，斗盆较一般养盆要高，之所以这样，是为了经过捶底之后，仍能保持一定的深度，以免蟋蟀在打斗中频繁跌出盆外。当然，以后世器物无法完全考量前世器物，器物都有一定发展和演变的过程。不能认定为斗盆的原因并不在此，尚有另外的原因。

斗盆只在排斗蟋蟀时使用，使用量很小，高级养家也只需要几只尺寸大小不同的斗盆就足够，多数养家只需一只斗盆，或根本没必要准备专门的斗盆，大号的养盆一样可以当斗盆使用，不存在斗盆不敷使用之虞。而且从万历《鼎新图像虫经》的情况看，至少在明代中晚期已经使用专业的“斗笼”（见86页图十），后世称为斗栅，是竹制，这类器物究竟产生于何时，不能确知。后世南方多用斗栅，北方多用斗盆。

清代使用斗缸，是因为当时有敲盆助兴的习俗，在咬斗过程中，双方跌开时，允许上锋一方以粘有鼠须的木棒，称作“掕子”，轻轻敲击斗盆，以助威，使对手惊魂未定，促其速败。这种制度对下锋虫很不利，用于赌局，自有其道理，一晚多斗几对，庄家抽头就多，但自家排斗观赏则无必要，反而不利。如果是陶盆，很难发出声响，故而用瓷质斗缸。此制度在民国初期逐渐被淘汰。

虽说皇家有皇家的气派，但是斗盆实在没必要大批烧造。宣德帝喜欢观赏的大约主要是斗，养虫实在是很辛苦也很耗时的事，身为帝王很难亲力亲为。如果大量地烧造斗盆，令下人斗虫，宣德帝的乐趣就会大打折扣。这是违背其初衷的。况且出土器物中尚有瓷质配套过笼在，而斗盆是不需要过笼的，说明这不是斗盆，至少不是单纯的斗盆，此其一。

其二，此宗出土蟋蟀罐直径13.2厘米，高9厘米，此尺码与清代陶制蟋蟀罐相较，外径大致在一号罐与二号罐之间，刨除陶制蟋蟀罐的壁厚，内径大约与一号罐相类，但是用作斗盆，则高度似嫌不够，太浅。

对于古代器物的用途及古人的作为，其实还是应当回到当时的背景和条件下，才可以理解。

我认为，此类瓷质蟋蟀罐并不是斗盆，亦非养盆，而是用于运输蟋蟀的容器。

前文提及宣德帝曾敕苏州知府况钟进贡蟋蟀千只。如果回到古代的生活场景来理解，这其实不是一件简单的事。单就运输而言，就很难解决。蟋蟀是活物，不能长时间缺水、缺食。食料尚好办，比如瓜菜类投足，即可以保证蟋蟀存活数日，但是水不好解决。以今日的交通工具，从苏州到北京不算事，但在明代，则是个大麻烦。如果走陆路，当时尚无胶轮车，以木轮车运输，路途长达十数日且不说，仅颠簸一项就足以使蟋蟀毙命。而且，如此条件下，盆内无法安置水碗，蟋蟀必死。所以运输蟋蟀只能走水路，这可以很好地避免路途的颠簸。

明代漕运盛行，北京的崇文门即为漕运码头，京杭大运河可以使江南的货物直达京师，明代的宫廷用品所需江南物资亦皆由漕运解决。

从苏州到京城，一般货船需要的时间是很漫长的，黄仁宇在《明代的漕运》中引归有光笔记为例："归有光从苏州北上到北京，花了38天的时间"，这中间当然有漕河冰冻等原因，但是所有船只在各个关卡需要等待才能通过是主要的原因，为了避让皇家官船。

黄仁宇又引利玛窦的笔记得知：利玛窦于1598年第一次到北京时，明政府拒绝他进北京，返回南方时……从北京到临清，他花了整整一个月的时间，才走完这段长500英里的路程。

而利玛窦1600年第二次前往北京途中，乘坐的是运输丝绸品的官船，在中国文献资料中，这种船叫“马船”，利玛窦称之为“马快船”，所谓的“马快船”都由宫中太监指挥，通常都运行迅速，八只或十只船一队。这次他们迅速地穿过几条狭窄的河道，“大大缩短了他们的旅程”。

如果是皇帝御用或谕旨快递的物品，从情理上讲，应当还有缩短时间的办法，无非换班操船，日夜不息。

以今日情形计，京杭大运河全长1 747公里，刨除杭州至苏州段的150公里，仍有1 600公里。黄仁宇在研究中曾比较过陆路与水路的速度问题：“驿站……是重要的通信中心，传递官文和其他信件是其主要任务，它们所派出的信使走陆路，每24小时可走110英里，因而常常超越乘船的行人。”由此可知水路的最高速度也不会超过110英里，一英里约合1.6公里，110英里则为176公里，可知即便皇家官船一路不受阻隔，昼夜行船，也超不过176公里这个极值。故而从苏州到北京，实际情形虽不详，但最快仍需十天，一般可能要十几天。

宣德帝的敕令中提及：“今所进蟋蟀多有细小不堪的”，这大约也和运输过程较长，喂养、照料不周有一定的关系。

蟋蟀在运输的过程中，难点在于保潮和喂养。瓷质盆不透气，用作养盆是极大的弱点，但于运虫却是优点。当时养虫亦为陶盆，从传世的明代陆墓所产陶盆看，与今日的南盆区别不大，多为薄壁。这种盆因其壁薄，透气性较好，很适合南方较为潮湿的气候特点，但不好处也在其壁薄，保湿、保温性都较差，如果以此盆运虫进京，一路向北，渐入北地，则湿度不断降低，而温差日复加大，蟋蟀的死亡率会变得很高。即便今日，南方虫友来北方收虫，也很少有人将瓦盆用作带虫器具，所使用的仍为瓷质小髭。瓷质盆罐下层要填土，要有一定湿度，瓷制品不透气的特性可使小髭数日不干，即便不喂水，蟋蟀也不至于渴死。南方虫友盘桓山东十数日乃至更长，所使用的也都是瓷罐。南盆盆底基本不捶土底，这是南盆定形之初就已经设定的。从养虫的角度看，捕归直接入陶盆是不利的，盖因蟋蟀乃土虫，出土日短，得土气未全，一般养家也会故意在土底盆罐中豢养数日，再洗澡，移入陶盆饲养。土养是应有的程序之一。

再则，瓷质罐比薄壁陶盆质地坚固，不易破损。运输过程总不免要搬动，运程倘为数日，则不免要投食。蟋蟀既是贡品，可知责任重大，每次揭盖，都是一次巨大的风险。明代笔记小说中就有因为蟋蟀逃逸而导致家庭悲剧的记述，引发后世蒲松龄写出了著名的小说《促织》。

景德镇出土的蟋蟀罐，高9厘米，这个高度较之清代北方蟋蟀罐要低矮。之所以如此，可能也和运虫的需求有关。此罐一旦填加土底，内部空间缩短，蟋蟀立于盆中双须可以碰到盖子，这样蟋蟀就不会因为不知深浅胡乱蹦盆而导致碰破头或其他伤残。

再说过笼。正常情况下，一般养家是不会使用瓷质过笼的，过凉且滑，于虫不利，尤其到了中后秋，是万万不会使用的。通常情形下使用过笼，在早秋有一个重要的作用，就是相对于较深的虫盆而言，蟋蟀爬到过笼上，有了这个高度就可以感知到上面有顶，则不至于乱蹦；对于捕归就已经断须的虫一般则采用较矮的盆，加上过笼，即便须短，亦能触顶，目的是一样的。

推想宣德时期对于苏州贡虫使用瓷质过笼有明显的优点，一则质重，平放或是略微嵌于土底，则不易滑动位置，不至于挤伤或是扰动蟋蟀；再则，长途运输，如果提前投好水食封盆装运，湿气不散，陶制过笼会吸潮，反而于虫不利。这时瓷质过笼的缺点反而成为优点。但只有断须的蟋蟀需要这个设备，长须虫则无须安置过笼即可探知顶部。

从瓷器烧造的角度讲，过笼这类琢器，烧造难度要大于拉坯成型的圆器，从景德镇出土情况看，过笼仅一例。这批瓷器之所以被毁，主要的原因是质量有瑕疵，按说过笼出质量问题的概率要大于蟋蟀罐，但过笼出土很少，说明过笼的烧造量本身就少，与蟋蟀罐的产量不匹配。这也间接说明这类蟋蟀罐与过笼不像常规所用器物，必得一一配齐。

景德镇烧造瓷器通过长江与大运河相通，运抵苏州，转运蟋蟀后再入京，可以视为一种统筹，是非常可行的。

黄仁宇据《大明会典》所载数据统计，有明一代，烧造瓷器最多的一年为1433年，即宣德五年，共烧造443 500件，这中间很可能就有蟋蟀罐数千件。而宣德帝对皇家定制管理极严，余继登《典故纪闻》载，宣德时期曾有负责瓷器烧造的宦官，就因为将皇家产品分给亲密朋友而被处死。故今日民间所见传世“大明宣德年制”瓷质官款蟋蟀罐基本可以断定是仿造的。

顺便说一句，景德镇出土的瓷质过笼，因缺块较多，只能以石膏补齐，但复原器却错将洞口处常规的窑洞形改作了方形，以至于某年市面上曾出现据此复原图所伪造的方孔“宣德串”，盖因伪造之人并非玩家，不明所以，只是按图仿制，令人发噱。

三　斗蟋规则、赌资与蟋蟀价格

明代斗蟋规则缺乏明确的记载，未可详知。刘侗《促织志》“斗”一节，略有提及：“初斗，虫主者各内虫乎比笼，身等、色等，合而内乎斗盆。虫胜主胜，虫负主负。胜者翘然长鸣以报其主……”

从这节文字看，基本与宋代无太大差异，仍然是目测合对，斗到底。但也引入了胜者有叫的表征，是否如今日分局面、采两局制、以鸣叫定胜负则不得而知。

但是从明代万历以来的记录看得出当时赌斗风气较盛。《万历野获编》里说：“近日吴越浪子有酷好此戏，每赌胜负数百金，至有破家者。”

首先要明确数百金指的是什么货币。

黄冕堂在《中国历代物价问题考述》中说：“明代商品交换更发达，与海外贸易也超过以往朝代。其商品货币化程度更高，用金、银、钱、钞各种货币计价的方式均有。其中金子在社会上存量不大，纸币因滥肆发行，质地低劣，通货恶性膨胀，因此，市场上使用金、纸二币的时间都有限。唯银、钱二币终明朝近三百年内一直在社会上流通，而尤以银币流通最为普遍。”

沈德符所云“数百金”应该是指银两，即数百两银子，如果是数百铜钱，不至于有“破家”之严重后果，数百两在当时也不是个小数目。黄仁宇《放宽历史的视界》中曾有研究说：“嘉靖期间实行全面用银，并无政策上之准备，实为无可如何时之趋势。估计明代全国银数，当然为冒险性猜测。但彭信威称，中国银货至元代大量流入中亚，至明代用银时，其银货即不足。根据明亡时户部司务蒋臣言，其时全国银货估计约为250 000 000两，且包括银首饰及器皿。中国之银产有限，大部由日本及菲律宾输入，其数量仍不敷全国广泛应用。1600年前后，中国人口可至150 000 000人，故虽有银至十万万两，悉仍有周转不灵之虞。”

一亿五千万人口只有十亿两银，可见银货之紧张，数百两银自非小数。

刘若愚《明宫史》所记“善斗者一枚可值十余两不等，有名色，以赌博求胜也”，显然指的是银。

黄冕堂先生据《明神宗实录》的记载所作研究，明代万历当政之神宗时代，直隶密云二月粮价一石折银六钱五分（折钱520文），秋后折四钱五分（折钱360文）；米，京师和江南折发官俸，每石，银七钱，为560文。需要说明的是：“明中后期的银钱比价略有变动，银一两仅能换铜钱800文”，此时的粮价已是按这个比价折算的。“明末天启、崇祯年间，一因社会严重动乱，二因天灾蔓延，社会经济已陷入全面崩溃的深渊。因此，出现了异乎寻常的物重钱轻现象，米石值银一两以上至数十两，这已经不能作为一种正常的现象看待了。”但刘若愚于崇祯二年入狱，故其所云不在这个范围之内。

宫中太监购买蟋蟀赌斗取乐，或有其特殊性，价格也许会较一般蟋蟀要贵，但十余两银子也真不是小数目，大致可买粮接近二十石，而明代的量器又比宋代要大20%，所以和南宋末期相比，蟋蟀价格明显增幅较大。以购买田亩考量，据张传玺《中国历代契约汇编考释》所辑资料看，万历时期的田亩交易大致在每亩五至七两，也有十两的，盖因适合的作物不同，收益亦不同。十余两大致可买二亩地，或一亩上好田地。以田亩着眼，蟋蟀价格亦高于南宋。尤以银货总量考量，蟋蟀价格有点惊人。

然赌资则更为惊人，《万历野获编》所云之数百金，已可购置十几二十亩田地，可与小康之家的全部家产大致相埒。有此赌资作参照，一条上好蟋蟀，价值一二十两银，也非超常情形。黄仁宇通过冯梦龙《三言》中对商人行状的描述，进行过研究，以补《明史》“食货志”之不足，“《三言》中称商人资本雄厚者，为张士廉，‘家有十万赀财’……其他所叙均系小本商人，本银数十两或二三百两。此甚有可能为当时一般情形，亦即极少数之巨商外，中级商人不可多觏，而商人之中坚分子，仍为小商”。

可知当时较高额的赌资，大约相当于一个中级商人的全部资本。那么参赌者究竟为何人呢？以当时资产较大者考虑，一为盐商，二为当铺经营者。

四　蟋蟀谱及对后世的影响

我们今日仍能见到的明代的蟋蟀谱有五部，即：《重刊订正秋虫谱》《鼎新图像虫经》、周履靖《促织经》、袁宏道《促织志》、刘侗《促织志》。

严格说起来，袁宏道与刘侗的《促织志》都不能算是蟋蟀谱，只能算作博物学见闻之笔记，其他三部可以算作蟋蟀谱。

《重刊订正秋虫谱》为目前所能见到的最早的蟋蟀谱，也是最接近宋原貌的一个谱子，为宁波天一阁藏本。《鼎新图像虫经》、周履靖《促织经》除了和《秋虫谱》有相同或者接近的母本之外，也抄录了《重刊订正秋虫谱》中显然是新增部分的一些内容，可知《重刊订正秋虫谱》影响过后两个谱系，但对后世的直接影响却不及后两谱，可能和刊刻较早、印量不大、流布不广等因素有关。我们从清后期江南玩家秦子惠的《功虫录》可以看出，秦子惠对定色命名多有错讹和支吾之处，显然就没读过《秋虫谱》，他读到的是周履靖《促织经》，有可能读过《鼎新图像虫经》。秦子惠是江南养虫大家，他一生痴迷蟋蟀，他都没见过《秋虫谱》，可知此谱甚是稀见，甚至早就不在市面流传，若非天一阁收藏，我们今日很难知道宋谱大致的面貌。

《重刊订正秋虫谱》迟至乾隆年间在民间有可能仍能见到。此谱有一处内容为《鼎新图像虫经》和周履靖《促织经》所未录，由此可知定是宋谱所没有的，是新增的，而周履靖等人或不认同或吃不透，故而未录，即“虫辨”部分："有等虫或蜈蜂、蜈蚣、地狗之类变之者，其身齿必强，斗性必勇，其身齿不坚而无斗性者，必蜗牛、地蚕、湿虫所化也。其坚脆之辨，则又显明易见者，坚虫多阔厚，苍憔到底，不出一节；烂虫则一见水食，便出数节，头尖项狭，即如螳螂。知此坚脆之辨，便得常胜之将矣。"

这部分内容我们在乾隆时期刊刻的《虰孙鉴》中仍能看到它的影子，只是进一步深化了而已，显然《虰孙鉴》的作者是见过《秋虫谱》的。

这部分内容在今日看来荒诞不经，全无依据，但在明清时期的文化背景下，人们难辨真伪。有关生物化生的说法来源很早，这和自然万物生生不息、随时轮转的上古观念有关。《礼记·月令篇》中这类内容俯拾皆是，比如：

> 季春之月……桐始华，田鼠化为鴽……
>
> 季夏之月……温风始至，蟋蟀居壁，鹰乃学习，腐草为萤……
>
> 季秋之月……鸿雁来宾，爵入大水为蛤……
>
> 孟冬之月……水始冰，地始冻，雉入大水为蜃，虹藏不见……

上古之人对自然物候有较细致的观察，但于背后深层的机理却不明所以，其着眼点在于生物的应时轮转，也未必就是实指。嘉靖皇帝痴迷道教，迷信民间方士及炼丹，风气所及，"化生说"可能在当时成为显学，也影响到了蟋蟀谱。但《秋虫谱》将之坐实，实为不智，缺乏观察上的实证，这个内容在宋谱中应当是没有的。宋明两代之间，思想的活跃度、社会的开放性、政治格局、文化氛围都有较大的差异，与这些差异相类，明代相对于宋代而言，在对蟋蟀的认知上亦是不进反退。

其实相对而言，《重刊订正秋虫谱》在明代三谱中是最好的，其内在逻辑不乱。另外两种谱系，对后世带来的不良影响甚大，乃至在定色命名方面导致全面的混乱，一直延续至今。

明晚期的两个谱系，大致上也反映出万历后期一般士人阶层的浮躁和匆忙的心态。

《鼎新图像虫经》为杭州书铺所为。《促织经》的编纂者周履靖则为嘉兴人，主要生活在隆庆、万历时期，《促织经》收录于其编著的《夷门广牍》，该书内容驳杂，《四库提要》云："是编广集历代以来小种之书，并及其所自著，盖亦陈继儒《秘笈》之类。夷门者，自寓隐居之意也。书凡八十六种，分门有十，曰艺苑，曰博雅，曰食品，曰娱志，曰杂古，曰禽兽，曰草木，曰招隐，曰闲适，曰觞咏。观其自序，艺苑博雅之下有尊生、书法、画薮三牍，而皆未刊入。所收各书，真伪杂出，漫无区别。如郭橐駞《种树书》之类，殆于戏剧，其中间有一二古书，又删削不完。如释名唯存书契一篇，而乃题曰《释名全帙》，尤为乖舛。其所自著，亦皆明季山人之窠臼。卷帙虽富，实无可采录也。"

从《促织经》看，这个评价也算中肯。通过文本比较的方法，可以明显看出《促织经》乃是拼合两种蟋蟀谱而成，此书主体仍来自于《秋虫谱》或其母本，但在中间插入“论某某形”十九例、“论某某色”十六例，看似高深莫测，实则前后矛盾，缺乏统一的原则，显然周履靖并非行家。虽然如此，周履靖的《促织经》在后世流传较广，翻刻者亦多。就蟋蟀谱而言，明晚期这两个谱系最为严重的后果是导致后世定色命名的歧路和混乱。

古今蟋蟀定色命名之法，粗略地说，矛盾主要集中在以斗丝定色和以皮色定色之间，从明代三谱中，可以看出其问题的由来以及演变。

1.《秋虫谱》

《秋虫谱》共著录色品类蟋蟀27种，其中：

青虫门8种：真青、紫青、黑青、淡青、虾青、蟹青、青麻头、青金翅；

黄虫门5种：真黄、红黄、紫黄、淡黄、黄麻头；

紫虫门6种：真紫、红头紫、黑紫、淡紫、紫麻、紫金翅；

红虫门2种：纯红、红麻头；

白虫门3种：纯白、淡白、白麻头；

黑虫门3种：真黑、黑麻头、乌头金翅。

《秋虫谱》的体例，在言及蟋蟀生相时，基本以歌诀处理，颇类古小说对出场人物之诗体“简颂”。于歌诀之外，著者以“总论”“增释”“重辨”“解”为题描述或解释生相特点，凡13条，可视为歌诀的前置条件。可以看出，此谱以斗丝色区别青、紫、黄；以头色、皮色、腿色区别白与青、红与紫；以腿斑、肉色区分黑与青。

其“青虫总论”云：“大都青色之虫，虽有红牙、白牙之分，毕竟以腿肉白、金翅、青项、白脑线者方是。断无斑腿、黄肉、黄线之青……”其“五色看法重辨”又云：“大都青虫便要线肉白，翅金；而青黄虫便要乌牙黄线，遍身如金；紫要头浓、红线、腿斑、肉蜜；白则如冰，黑则如墨。上手了然在目者，此真色也。搭配不齐，便属花色。”可知以斗丝色分青、紫、黄，是此谱的一大原则。其次则腿斑、肉色亦纳入视线，综合考量，但已属其次条件，在乎是否纯色之别。此谱因为具有了分类原则，故其歌诀中对斗丝多不涉及，而旁及其它特点。

后世谱如清谱《虰孙鉴》中出现“熟虾青”，遍身皆红有如熟虾，但因其斗丝色白，故列入“青”，而非“红”，即是根据此谱定色原则而论。

肉色是区分青与黑的分野。因青、黑斗丝俱白，故其黑青（归青门）歌诀云：“黑青翅黑黑如漆，仔细看来无别色，更兼牙肉白如银，名号将军为第一”，而“真黑”（归为黑门）为：“真黑生来似锭墨，腿肉斑狸项毛黑”，其“黑者解”补充说：“此虫肚黑牙红”，可见黑青与真黑之别在于腿斑与肚色。

特别应该指出的是，《重刊订正秋虫谱》色类蟋蟀中有一处与定色原则看似不合，是为“紫麻”，其歌诀曰：“头麻顶路透金丝”，此歌诀究竟是原谱如此，还是重刊时所误刻，在新的史料出现之前，不能断定，但看上去与“紫要头浓、红线”的自身原则不符，其问题出在“顶路”这个词语上，一般情况下人们会将此句中“顶路”一词理解为斗丝，但仔细分析此句，如果“顶路”是指斗丝，则语句明显重复，这在惜墨如金的歌诀体上不太应该；再则，“顶路”这个词仅出现这一次，斗丝一般都称为斗路、斗线、头路等，“顶”这个词在蟋蟀上是指顶门，即脸和头盖转折处，额线向头盖蔓延的那个部位，这个部位通常与脑盖色有较大差异，一般为纯黑，称为“脑搭”。所以“顶路”正确的理解应当指的是额线，也就是说“头麻顶路透金丝”在“紫麻头”这个语境前提下，应当是紫头、红斗丝而具有金黄额线。只是这个表述方式必须依赖其对紫虫具备总体原则性表述的前提下才能理解，但是后世谱却不知为何放弃了对各色虫的总论，而只录歌诀，这个责任虽不应该由《秋虫谱》来担负，但这个表述的不严谨给后世带来很大的问题。清代晚期谱中对紫虫的认定常以体色划分，斗丝或红或黄皆归入紫，显然是对明谱失误的放大。

2. 明万历“鼎新谱”

《鼎新图像虫经》新增的内容明显在于对蟋蟀的鸣声有特别的关注，但语焉不详。对于定名改动较大的则在黑虫。

《秋虫谱》中黑虫门列三种：真黑、黑麻头、乌头金翅。

在《鼎新图像虫经》中，《秋虫谱》“真黑”的歌诀内容虽仍领衔黑虫门，但名称却改为“乌青”，以“乌青”之名统领黑虫门，逻辑上即已含混，青与黑的区别就模糊了，显然不及《秋虫谱》归宗明确。这是后世黑虫与青虫混杂不清之滥觞。

3. 周履靖《促织经》

周履靖续增之《促织经》，主干沿袭自“鼎新谱”，内容较前谱却增加不少。此谱流传较前两谱要广，及至民国尚有人翻印此谱。故对后世影响较大，但认真考量之下，此谱问题更多，引发的混乱也较大。

此谱依承前谱体例，重视歌诀，但却忽略了前谱有关分色定名总体原则的论述，《秋虫谱》中的“青虫总论”和“五色看法重辨”等重要内容，此谱反而不录。由于失却了定色命名的前提，而传统歌诀中又较少提及斗丝色络，那么对于没读过此前古谱的读者，如果仅读此谱，则对色品的分类原则就无从着手，只能以歌诀对应单个虫名。

《促织经》显然于《秋虫谱》系统之外，有另外的来源，两者叠加，故其体例、定名不统一，甚至多有混乱和矛盾。

比如，此谱在辑录《鼎新图像虫经》色品类之前，先有“论真红色”“论真青色”“论真黄色”等凡22例，与“鼎新谱”说法多有不同。有些则显得粗略，比如其“红头”条，“红如血点项朱砂，入手观来一朵花，一朝二广交锋胜，到底终须不恋家”。在此前的虫谱中，有“紫黄”，有“红头紫”，有“纯红”，后世尚有“赤头青”，皆红头之虫，但依据分类原则，各有所属，分列黄、紫、红、青各门，有如鳞甲森然，巍然不乱。相比较而言，此谱之以“红头”命名，未及斗丝色、肉色、腿色，显得笼统，实类稚子玩虫时的说法，过于大而化之，失之粗略，难以于色门中落实，可见出此谱之命名实不得要领。

再比如，此谱沿袭《鼎新图像虫经》的错误，不但将“乌青”之名代替“真黑”之名目领衔黑虫门，而且更进一步，其“论真黑色”歌诀：“黑者须当头似漆，仔细看来无别色，于中牙肚白如银，到作将军为第一”，内容显然改编自《秋虫谱》青虫门中之“黑青”歌诀，这样《鼎新图像虫经》尚只是以“乌青”之名代替“真黑”之名，其下歌诀尚未更替，而《促织经》则进一步将前谱青虫门之“黑青”歌诀内容移植到“真黑”名下，终致青与黑彻底混淆。而其“论真黑色”歌诀又与后文中“黑青”歌诀虽字句略有不同，但实质内容竟全然一样。混乱如此，是由周履靖窜抄数谱而无主见所致。致使《秋虫谱》以肉色区分青与黑的原则被冲破，黑与青从此难以划分，使后世有关黑虫的命名无所适从，乱象丛生。

故“周履靖谱”在谱系混乱之流变中难辞其咎，实为最重要的肇始者。

第七章
清代：遍及南北的爱好

一　帝王玩不玩蟋蟀?

经历了明末斗蟋活动高峰期的熏染，入清以后经历了改朝换代的波动，很快斗蟋活动就复苏了，甚至其间一直就没有中断。

民间对于清代帝王玩斗蟋蟀的事多有猜测，一般集中在康熙、乾隆和慈禧太后身上。但是我们从史料中能看到宫中豢养鸣虫的情况，却看不出有咬斗蟋蟀的迹象。

明末刘侗《促织志》记载了京师之人孵化蟋蟀用作冬令鸣虫的事迹，清宫自康熙皇帝始，引入此技，事见《养吉斋丛录》："清宫除夕及新正宫廷筵宴，以绣笼贮秋虫置于筵侧，盖自康熙时始也。时奉宸苑之北小花园内监，以秋虫之子育之温室，如唐花然，遇筵宴则以之承应，自后遂循行之，为恒制。"

《养吉斋丛录》全书三十六卷，内容专涉清朝掌故。著作者吴振棫（1790—1870年），字仲云，号毅甫，浙江钱塘人。嘉庆十九年（1814年）进士，授翰林院编修，曾充实录馆纂修、提调兼校勘。其身份、经历所致，对宫廷旧事所知极详，所述应该可信。但“秋虫”一词稍嫌宽泛，其中包含蝈蝈、油葫芦、金钟等鸣虫，并非单指蟋蟀。

一生都在康熙身边任职的高士奇，著有《金鳌退食录》，书中记曰：“秋时收养蟋蟀，至灯夜则置之鳌山灯内，奏乐既罢，忽闻虫声自鳌山中出”，又云：“每设宴，则置绣笼中，唧唧之声不绝。”

高士奇自康熙八年（1669年）入太学，得以初次见到康熙，随即被启用，至康熙四十年（1701年）病故，一生大部分时间都为康熙帝近臣，于康熙一朝所知独详。以上所述当出自亲历。

《清宫词》亦有类似表述可以为证，《鳌山蛩声》诗云：

元夕乾清宴近臣，
唐花列与几筵平。
秋虫忽向鳌山底，
相和宫嫔笑语声。

上元夕赐宴近臣，以暖室烘出芍药、牡丹花安放乾清宫，陈列筵前，秋时收养蟋蟀，至灯夜则置之鳌山内，奏乐既罢，蛩声唧唧，自鳌山中出。

以上两则叙述，初看以为就是蟋蟀，但仔细分析，则未必。文中所说秋虫，大约都是蝈蝈之类。理由如下：

所谓“鳌山”，为旧时灯景之一，主要用于元宵灯节，是指把千百盏彩灯叠成山，有叠至十三层的，形状像鳌，称为“鳌山”，取其灯火通明，喜庆富贵。但蟋蟀为阴虫，其鸣叫有两个条件，一是温度，一是光线。蟋蟀其习性畏光，喜于暗处而鸣，冬日里温度低，本不能叫，倘置于笼中，再置于灯笼中，火光之侧，温度有可能达到鸣叫的下限，然光照过足，蟋蟀必受惊扰，则未必能叫；倘置于封闭器，诸如陶制蟋蟀盆，则鸣声为盆所阻，声必不远，且赏灯、筵宴皆嘈杂之处，蟋蟀似不合用。蝈蝈为阳虫，不畏光，只要温度够，即可鸣，以笼装方式，音不受阻，鸣声又大，用于此类，可谓物尽其用，这与文中“每设宴，则置绣笼中”这个说法是相吻合的。

其实康熙帝的御制诗《络纬养至暮春》就讲得很明白：

> 秋深厌聒耳，今得锦囊盛。
> 经腊鸣香阁，逢春接玉笙。
> 物微宜护惜，事渺亦均平。
> 造化虽流转，安然比养生。

络纬即是俗称的蝈蝈，锦囊应当指的是蝈蝈葫芦外面所加的保护层，同时也具备保温的作用，今日玩家依然如此。可知康熙命人豢养的主要还是蝈蝈，虽不排除也有蟋蟀之类，可用于室内及较小之环境，但其主旨意在以秋虫之声缓解冬寒气氛，就功用而言，并非斗蟋。外间因这些传闻和著述，加之北京有赵子玉烧制蟋蟀罐传为康熙时期制品，名重一时，后世之人附会为康熙帝亦有斗蟋之好。但从史料上看却不能证实，如若真有，何以不记？清宫中亦不见有康熙朝蟋蟀用具传世或相关记载。

康熙时期，王公贵族间或有沾染斗蟋之好的可能，或对蟋蟀豢养、咬斗饱有兴趣。《虰孙鉴》书前有爱月居士序，爱月居士即康熙帝第十六子庄亲王允禄，生于康熙三十四年，即1695年，殁于乾隆三十二年（1767年），享年七十三岁。《虰孙鉴》之原本刊刻时间不甚详，庄乐耕、林田九重刊是在乾隆四十一年（1776年），那时庄亲王已不在世，从庄乐耕《重订王孙鉴始末序》之内容看，原本是朱从延晚年所著，而重刊者之一林田九与朱从延是故交，故可知原刻本并不久远，不过十数年至二三十年间，当时爱月居士尚在世，才有作序的可能，故可知原刻本必在乾隆三十二年之前。

庄亲王通音律、律算，曾参编《数理精蕴》《大清会典》和《四库全书》，另外还编辑了《九宫大成南北词宫谱》，多采唐代歌舞、宋代南戏、金元说唱，凡4 466曲，史料价值很大，又曾与张照等文臣采历史故事改编出《劝善金科》《升平宝筏》《鼎峙春秋》《忠义璇图》四部大戏，知为风雅之士，从《虰孙鉴》亦可知其人或有爱虫之好。此好究竟是得自宫廷还是来自民间，则不好判定。

雍正帝在位十三年，常常秉烛夜读、批奏折，应该说是个非常敬业的皇帝，虽一应事务、用具无不求精，但却从来没人提到雍正帝和蟋蟀有什么关系。

乾隆帝在位时间长，又好大喜功，从其性格和作为看都有赏玩蟋蟀的可能性，但认为乾隆皇帝有玩斗蟋蟀之举当出自揣度。

乾隆帝好风雅，一生作诗无数，其中也不排除有文臣草拟再由乾隆认可之作，但总量的确惊人。《乾隆御制诗》共计43 630首（含辞臣之作），接近《全唐诗》的总量（康熙时编辑之《全唐诗》共收录唐诗四万九千余首）。乾隆在位六十年，加上做太上皇三年，总计六十三年，合计22 995天，平均每日近两首诗，如此庞大的数量，几可视为乾隆一生经历的百科全书，举凡其亲历之事，稍有诗情，即有诗为证。试想每年养斗蟋蟀之期三个月，帝王虽不会自己亲自豢养，就算掐头去尾，只算最精彩的时段，从秋分到霜降之斗期，每年仍有一个月，即有六十三个月和斗蟋有可能发生关联；就算乾隆每年只看一两场斗蟋，仍有一百多天曾有赏玩斗蟋的经历，则有二百多次赋诗题材可用，但是《乾隆御制诗》中没有一首涉及蟋蟀咬斗的诗作。

是不是乾隆不屑于写此类题材呢？不过我们却可以从其诗中看到相关的题材。比如“向宴仙卉发，隔牖草虫鸣”，此诗是上元节后一日在乾清宫宴廷臣所作，与康熙时情形相类。而且草虫之称非常宽泛，蝈蝈的可能性更大。因为乾隆喜欢蝈蝈葫芦是明确可知的，曾有咏葫芦器诗十首，清宫及民间也都流传有乾隆官模子葫芦，其中就有蝈蝈葫芦，可知乾隆玩葫芦，也养鸣虫，但却没有斗蟋蟀的嗜好。

《清宫词》涉及宫廷各类琐事，有关葫芦的不少：

天才巧制变匏瓠，
幅幅龙鸾山水图。
植物也能遵造化，
不教依样画葫芦。

圣祖尝出新意，制各种模范，罩未结成葫芦上，迨长成，花纹隐起，制以成器。今得其一价尚兼金。

这里圣祖指的是康熙皇帝。

又：

纤尘不到净铜铺，
承应清闲一事无。
预计冬来藏蝈蝈，
墙阴汲水种葫芦。

闲散嫔御、宫人、差役甚简，多于墙阴种植葫芦，矮架疏花，既资清玩，亦备冬令藏养蝈蝈之用。

宫中种葫芦，乃至模子葫芦都是有的，其用途主要还是冬令藏养鸣虫。既然皇帝喜欢，各宫嫔妃自是逢迎，不免争奇斗艳，各显其能，不难理解。

有关慈禧太后赏斗蟋蟀之事，外间多有流传。但仔细考量，却基本出自近十数年来的文章，从晚清、民初人士那里反而看不到这类说法。

对慈禧太后有近距离观察又能超脱传统眼光的，当首推德龄公主的著述。

德龄公主实则并非公主，本姓徐，其父裕庚为汉军正白旗，德龄1886年生于武昌，在兄妹五人中排行第三，在荆州、沙市长大。其父自1895年起，任出使日本特命全权大臣三年，后又任驻法公使六年，母亲是法国人。德龄随父在日本、法国生活六年，不但会外语，还具有开阔的视野和渊博的学识，精通各国国情，曾是现代舞蹈大师邓肯的弟子。1902年冬，裕庚任满归国，赏太仆寺卿衔，留京养病。十七岁的德龄随父回京。此时列强环伺，慈禧太后急欲交好各国使节和他们的夫人，她从庆亲王口中得知裕庚的女儿通晓外文及西方礼仪，遂下旨召裕庚夫人带同德龄、容龄姊妹入宫觐见，后来德龄与容龄一起成为紫禁城八女官之一，为慈禧与西方国家使节夫人们交往担任翻译，直至1905年3月因父病重才离宫到上海。

德龄1907年与美国驻沪副领事撒迪厄斯·怀特结婚。1915年，随夫赴美，后以德龄公主的名义用英文撰写回忆录和纪实文学作品，当时，大清已覆亡，德龄又在美国，故此完全不必避讳宫中禁忌，其书披露了慈禧及清宫的许多生活情景和晚清政局见闻，都是第一手资料，很受西方读者欢迎，也具有丰富的历史价值。从第一部回忆录《清宫二年记》开始，就引起了西方社会各阶层人士的广泛关注。这本书以第一人称的叙述方式，详述了1903年至1904年清廷宫禁内苑的生活实情，其中以大量的篇幅，描写了当时中国的最高女统治者慈禧太后的饮食起居、服饰装扮、言行举止和习性品格。之后，德龄先后用英文写了回忆录体作品《清末政局回忆录》《御苑兰馨记》和纪实文学作品《瀛台泣血记》《御香缥缈录》等，总字数达七八十万字。德龄在清宫两年，三月份离宫，应该说经历过两个完整的秋天，但书中并没有提及慈禧有养斗蟋蟀之事，按说这类事在留过洋的德龄眼中应该是很另类、很新奇的事，至少是有趣的细节，没有提及，很可能就是没有。

社会上常常提及的就是慈禧曾以蛐蛐及蛐蛐罐赏赐戏班名伶。但是，我们在早期的梨园行大家那里看不到相关的说法。余叔岩算得上梨园行最迷蟋蟀的大家了，他没进过宫，但是他的师傅谭鑫培是在宫里唱过戏的，与程长庚同列“同光名伶十三绝”，关于慈禧与伶人的关系，此二人所知必详。余叔岩与谭鑫培是师徒关系，又皆好斗蟋之戏，不可能不谈论到这个话题。余叔岩在民初的北京蟋坛算得上号人物，以一己之力设过蟋蟀擂台，若慈禧有这类事，余叔岩也必然津津乐道，但是余叔岩却没有这类言论。

许姬传也是梨园故老，曾写过有关梨园行的大量的回忆文章，他本人也与梨园大腕王瑶卿、杨宝忠、言菊朋等交厚，《许姬传七十年见闻录》曾有一篇《徐仁镜与谭鑫培斗蛐蛐》的文章，记录了其二舅许莹甫的讲述，许莹甫提及王公大臣斗蛐蛐的很多，但也未提及清宫中慈禧太后斗蟋之事，如果有，首先提到的应该就是“老佛爷”。

再比如邓之诚，邓先生生于光绪十三年（1887年），1917年应北京大学之聘任教授，赴北京后被教育部国史编纂处任命为国史纂辑员。邓之诚倾心文史，对清史也格外留心，曾刊刻有关清代的史料数种，其人亦有古玩之好，著有《骨董琐记》，又有《清诗纪事初编》等著作。其《骨董琐记》亦曾著录蟋蟀罐一则，亦简述了斗蟋史迹，但却没有言及晚清宫中斗蟋蟀之事。

清代是帝制历史中最后的王朝，相去未远，亲历者又多，故而有关清代的笔记著述数量很大，远远超过宋明笔记的总量，但是我们从这些笔记中却找不出有关清代帝王赏斗蟋蟀的史实，只能看到赏玩鸣虫的记录，慈禧太后喜爱鸣虫是可以证实的。有清宫词：

> 锦襦深处似春温，
> 怀里金铃响得匀。
> 争说曾逢西母笑，
> 朝来跪进洗头盆。

> 宫女皆养蝈蝈、金铃子诸虫，怀中取温过冬，承应进值则互相怀掖。某女偶未取出，为孝钦侍朝沐，怀中大鸣，孝钦闻之而笑，后遂不禁。

这节说的是宫女为慈禧太后洗头，没来得及将蝈蝈委托他人怀掖，不料怀中鸣虫起了叫，把慈禧逗笑了，从此宫中不再禁止宫女养鸣虫。可知在此之前是禁止的。

清代帝王斗蟋蟀大多出自揣度，但宫中斗蟋蟀的事是有的，很可能是太监、宫女之类，于宫中与世隔绝、寂寞难耐，宫中又有养鸣虫的制度可凭，故有此好。

《清代野史大观》卷二《前清宫词》中曾提及斗蟋蟀，诗云：

宣窑厂盆戗金红，方翅梅花选配工。
每值御门归殿晚，便邀女伴斗秋虫。

从内容看，或为太监，或为宫女所作，但似乎宫女的可能性更大。而且敢明目张胆养虫，应当是在慈禧太后开禁之后。

其实要考量清代皇帝是否有赏斗蟋蟀的爱好，可以从器物来考虑，养蟋蟀就要有相关器物，也就是蟋蟀罐，冬季鸣虫无须陶制蟋蟀罐，匏器即可；但是养斗虫则必要陶制蟋蟀罐，这是一定的。如果清宫曾定制过蟋蟀罐，则必然会留下痕迹，或实物，或档案。

清宫《活计档》是清代内务府养心殿造办处承办宫中各项活计档册的总称。活计档中最主要的是各“作”承办活计清档。所谓“作”是指宫廷中专为皇帝工作的场所，诸如珐琅作、装裱作、镶嵌作、杂活作等。《活计档》是工程记录，详尽记载皇帝何时下谕，制作何物，使用何种材料，做成何种形式，由何人操工，何日完成，何人携至何处，如何安放等，不厌其详，目的也是分清责任，以做备案。中国第一历史档案馆现存雍正元年（1723年）至宣统三年（1911年）的这类档册1 500余卷册。如果清代皇帝自雍正以下，真曾有过赏斗蟋蟀，则必然烧造过蟋蟀罐，那么《活计档》“杂活作”档必有记录，此资料卷帙浩繁，查阅不易，笔者未曾有机会查阅。故宫博物院朱家溍先生

《故宫退食录》中曾有一文，乃是据清宫档案查证了雍正以来的珐琅瓷器，来路和去处，赐给了何人，皆清清楚楚。

虽然没有机会查阅档案，但从清宫的遗留物亦可看出端倪。

《紫禁城》杂志1994年6月号曾刊出毛宪民先生的文章《清宫大内草虫鸣》，文章着眼于鸣虫，于斗虫关注不多，但文章附有故宫所藏蟋蟀罐数则。从蟋蟀罐的照片看，“古燕赵子玉造”蟋蟀罐为民间低劣仿品，不要说和真赵子玉比，就是和晚清时期小连子、二和、大关等人的作品比也差距很大，树叶款“勇胜赵子玉”，不知何人所为，卷石山房是晚清时产品。从刊载的三款蟋蟀罐看，这些蟋蟀罐无论工手、泥质、器形，即便在民间产品中也属中等偏下的制品，令人很不解。后来故宫博物院赵中男研究员在央视《百家讲坛》讲述明史时曾提及，故宫所藏蟋蟀罐皆非清宫旧藏，而是文物部门征集的器物。以此观之，这个说法是可信的，也可以解释故宫博物院所藏蟋蟀罐何以没有精品。倘若清宫之中某任帝王曾有赏玩斗蟋之好，则清宫中必有精品遗留，断非如此情形。

二　民间的斗蟋活动

1. 南方的情况

“细拨牙须辨蠢灵，小妻娇如笑中庭，野人篱落浑无事，正好平章蟋蟀经。”这是王夫之入清后的诗作。

王夫之生在万历四十七年，即公元1619年，衡阳府人。青年时代赶上江山易主，清初曾参加抗清的义军，后归隐山林，著书讲学，终生不仕，与顾炎武、黄宗羲并称明清之际三大思想家。

王夫之于崇祯十年（1637年）娶同里首富陶万梧之女陶氏，陶氏时年十六岁，当时王夫之也年仅十八岁。顺治七年（1650年）春，王夫之继娶襄阳郑仪珂之女郑氏。此时王夫之三十一岁，与诗中“小妻”之语说来才不算违和。故知此诗当为顺治七年以后的事。

明清鼎革之际，南方各省士人不肯降清者亦非少数，故有扬州三屠、嘉定十日之惨剧。无可奈何花落去，大局已定，江南士人亦只能洁身自好，独善其身。王夫之归隐山林，自称船山病叟，蟋蟀或许也曾给他些许的慰藉，这类事，在士人中或有一定代表性。

随着社会安定下来，清初赋税也不重，斗蟋蟀的风气在南北两地渐次兴盛，目前我们能看到的在康熙年间就有三种蟋蟀谱行世：陈淏子《花镜·蟋蟀篇》刊刻于康熙二十七年，即1688年；梦桂《蟋蟀谱》刊刻于康熙五十三年，即1714年；金文锦《四生谱·促织经》刊刻于康熙五十五年，即1716年。

陈淏子，一名扶摇，生于万历晚期，卒年及籍贯皆不详，一生喜读书，爱好栽花。据日本花说堂刻本张国泰原序说，陈淏子亦是在明亡以后，不愿做清朝官吏，遂从事花草果木的栽培和研究，并兼授徒为业。陈淏子自称“白手西湖花隐翁”，可知其当时居住于杭州。

梦桂《蟋蟀谱》、金文锦《四生谱·促织经》都可称作蟋蟀谱，陈淏子《蟋蟀篇》严格说起来不能算蟋蟀谱，只能算作笔记，有关蟋蟀的内容不多，但其所记当时斗蟋情况却是难得的见证，非亲历者不能述其详。当时民众已不似宋时捕归即斗，而是先以瓦盆泥钵养起来，等贵公子、富家郎来买。当时论蟋蟀品质高低，个性化不甚强，总以十文、百文论价，类似批发之定价体系。及至白露时节，开斗场的贴出海报，当时称为“报条”，载明何时于市集某处“秋兴”可观，招徕斗家、赌家。到这时，不论身份贵贱高低，年齿老幼，都可到场参斗。仍是采用目测合对法，先要纳之比笼，两家认定两虫身份大小合适，即可合对，纳银作彩，多寡随便。傍赌者则从旁挂花。虫胜主胜，待得一方得胜，鼓翅长鸣，场主将小红旗一面插于胜者比笼上，负者输银。

文中说：“养法，在先置瓦盆百余（近日有烧成促织盆），每盆各置其一，内填泥少许于底，用极小蚌壳一枚盛水。日以鳗鱼、鳜鱼、茭肉、芦根虫、断节虫、扁担虫饲之。如无虫，以熟栗子、黄米饭为常食。”其实专用促织盆早已有之，大概陈淏子并非玩虫惯家，故而不知。但南盆亦曾有过填土做底，倒是不常见的用法，后世已基本不采用。以极小蚌壳充作水碗，倒是雅事，或当时尚未专门烧造蟋蟀水碗？抑或卖家并非养家，只为节省成本记，故有此举。盆底填泥少许，或有固定蚌壳之用，因语焉不详。皆未可详知。

乾隆刊本《蛀孙鉴》，今获见者为乾隆四十一年（1776年）庄乐耕之重刊本。朱从延之初刻本，前文曾论及当在乾隆三十二年（1767年）之前。书中“斗彩时局”“猜放”“盆栅各式”对当时斗虫情况在历代蟋蟀谱中是记录最详细的：“江浙风俗，每届秋期，率以畜养蟋蟀比斗取彩，及至深秋，群聚于苏州，开局者，预觅宽大棚场。织造府给有告示禁约，其间酒肆茶棚、饭铺点心，以及杂卖糖食饼果之类，无一不有。各路斗客，于天将明时，各持蛩灯下比合。其比合得对者，编号上橱，余各散归早膳，再入局较斗。”

可知当时早秋各地皆斗，但后秋的汇斗，或者说大赌，却是以苏州为中心的，而且文中也已提及织造府有告示禁赌。这与史实是相符的。《苏州织造府局志》是康熙二十五年（1686年）印行的行业志书，卷十二提及禁赌蟋蟀之事：“无赖之徒及无知子弟，各怀银钱赌赛，设柜抽头。临省别属，罔不辐辏，每日不下千人，喧声震动闾闬，及暮即行赌博。”

孙佩参与过《苏州织造局志》的编纂，亦曾参与《吴县志》编纂。孙佩曾记曰：“吴俗每岁交秋，聚斗蟋蟀”；“民间家产荡废，至为盗贼者有之，诚吴中一大害也”；“南新局乐荣堂间秋巷之邱武生家、灵鹫寺东沈机匠家，皆赌赛之窟也。”

清代地方政府从康熙时期就开始禁赌蟋蟀。聚众赌博，有碍朗朗乾坤之清气，政令应当是地方官员所为，倒也并非是出自上谕。但《大清律》中是有赌博罪的，也并非单指蟋蟀。康熙二十一年壬戌（1682年）秋，巡抚都御史余国柱在苏州下令中军严禁赌虫，“此风顿息”，但余国柱还朝后，赌赛又起。康熙二十三年甲子（1684年）秋，广储司祁国臣和苏松守备道刘鼎严拿参赌者，此后，苏州赌斗蟋蟀的盛况才有所下降，赌斗蟋蟀的中心转移到昆山，但是苏州斗蟋蟀的风气并未终结。

清代后期的苏州人袁景澜，生于嘉庆年间，同治时尚在世，其《吴郡岁华纪丽》依然感叹："其斗也，贵游旷厥事，豪右销其资，士荒其业；下至闾巷小儿，闺房娇姹，亦复斗嬉未休，噫，其甚矣。"这个说法基本套用了刘侗《促织志》的语句，或即直接来源于此，只是将事迹由北京搬到了苏州。但是苏州在清代一直是斗蟋风气较盛之地，也是当时繁胜之地，直到晚清以后其地位才被开埠后的上海取代。

苏州大学艺术学院张朋川2012年在《南京艺术学院学报》撰文介绍了苏州大学博物馆所收藏的一套清代套色版画《妇童闲嬉图》，其中第三幅即是两童子斗蟋蟀的内容，作者通过人物发髻、衣着等特点考证为乾隆晚期至嘉庆时的作品。民间版画一般是采取市民较喜爱的题材，斗蟋蟀题材能入版画，可知当时风气之盛。

有关当时斗蟋蟀的规则和赌资情形，《虹孙鉴》曾有较详尽的记述："其彩，开局者什取一五之数，以十一两五钱为一大盆；五两七钱五分为半个大盆；至一两一钱五分、五钱七分半，曰一个小盆、半个小盆也。"这说的当是余国柱禁赌之前的事。"后苏州废而归昆山，昆山弛而聚于嘉善之枫泾镇，分而之松江；松江歇而之平湖及昆山之斜路朱家角，再散于各乡镇。非复旧时之盛矣。斗盆者改为斗花，每花一枝，实银一钱二分，开局者取其二，继改每枝一钱，开局者仍取其二，而得彩者实得八分矣。今开局者贪心愈炽，创为饶让打头之例，虽就局形势亦有多寡不齐，固应尔尔，然大率以八打为常，开局者仍取其二，得彩者仅得其六。以前后较之，输赢皆耗于局中，而人莫之察也……康熙三四十年间，苏杭最盛。”

《虰孙鉴》“猜放”一节还提及当时斗花已有八放、七放，乃至对放之成例，类似当今赛马之赔率。可见蟋蟀赌斗已有较成熟的规则。

黄冕堂先生引《大清会典事例》，康熙十年（1671年）苏州松江地区大米每石1 400文（银一两四钱），湖广地区大米每石400文（银四钱）；康熙十六年（1677年）河南米价每石650文。综合来看：“从顺治入关至康熙中期，石粮价银三至八钱，合制钱300—800文，与明后期未爆发农民起义以前的粮价不相上下。从康熙后期至乾隆末，每石价银总在一两至二两之间，由于这时处于银贱钱贵时期，合制钱1 000—1 600文，比此前的粮价上涨幅度为一倍至二倍。嘉庆、道光时及其以后，每石价银多在二两以上，由于此时银价上涨，石粮合制钱3 000—5 000文……但南方大米自清代至民国时期均以160斤为一石。”

再看田亩的情况，钱咏之《履园丛话》载：“本朝顺治初，良田不过二三两，康熙年间，涨至四五两不等……至乾隆初年，田价渐涨，然余五六岁时，亦不过七八两，上者十余两。今阅五十年，竟亦涨至五十余两矣。”

《虰孙鉴》所述一个大盆、半个盆等情形可以理解为康熙二十一年禁赌之前的事，“一个大盆”为十一两五钱，赢家只得十两，局方抽头一两五钱。一个大盆大约是两亩田地的价格，倘粮价以较高的800文一石计，抽头则为一两五钱，大约合两石白米。以其最低赌资“半个小盆”看，五钱七分半，则赌资折为575文，折合粮价，接近一石白米，即160斤。

有关当时的斗法及规则，《虹孙鉴》载：“老局必三落闸，卷帘覆而后分胜负，继而为新一局，则不落闸，谓之痛口连三芡，即分胜负。今又改为新新局，不特不落闸，惟就两跌开，即各用一芡，如有芡再斗，无芡即云讨一芡，分胜负划出。”

所谓“老局三落闸”，该书“临斗审局诀”有较详细的交代：“赌赛约以三局两胜，如初合战而分胜负，谓之头局，再合战而分胜负，谓之中局，三合战而分胜负，谓之末局。若连胜二局，则不必斗第三局矣。”

此时较之南宋时的斗到底分胜负已有变化，采三局两胜制，但也是各胜一局才会出现第三局，今日斗场规则基本沿袭了这种制度。

以今日的情形看，这种赛制大致上是合理的。所谓“老局”，当指康熙时期。后来大约是开局者着眼于抽头，不愿多费时间，故而一切从简，新一局则不落闸，改为三次芡草机会；再后来则为“新新局”，是此谱刊刻之时的境况，即乾隆三十二年（1767年）前后，两虫双跌开后，各有一草，无牙一方可以申请补一草，有牙继续斗，无牙则判负。

乾隆时期，斗蟋蟀开始采用更公平的称重法，但这次制度创新却非惯家所为，而是来自于乡间的农民。

《虷孙鉴》记录了此事："康熙三四十年间，苏杭最盛，此时俱尚比对相合斗彩，以后局渐纷散，转就县邑市镇觅斗，乡愚不谙比合，更以秤之轻重为对，自谓至公。江浙惯家，急欲有斗，亦便改弦易辙，随众秤合。"

此后这种合对方式延及北方，及至晚清、民国，蟋蟀称重后，仍沿用苏州码子标识，我们可以从民初人士恩溥臣之稿本《斗蟋随笔》看到这类情况。当时所用单位也为市制单位之分、厘、毫，盖因当时也只能使用称金银及贵重药材的戥子秤，尚不及新创度量衡。倒是苏沪杭一带后来进一步演化出了带着过笼称量的斟、点等专用度量衡和计量单位。这类量具也只供称量蟋蟀使用。似可看出自清一朝，南方斗蟋风气更盛，更加精细，在制度创新上走得也更远。

合对全凭眼力，所谓"头大方为大""肚子不咬人"等民间谚语皆着眼于所谓笼形，实则是有效分量；蟋蟀谱中"合对金针"："先比头，次比腿，再比浑身不后悔"，八不斗之"长不斗阔，扁不斗厚，阔不斗方"，则是着眼于合对时的两虫重量之比较。等到乡民卷入，不谙此道，故有等重相合的要求，与今日体育比赛按体重划分重量级是一个意思。虽然目测合对在随后的斗蟋活动中依然存在，但至晚清时，一般赌局或较有规模的朋友间的小局，基本都已采用称重法，以避免不必要的争议。

当时创新的这种称重合对法，称为"干吊"，如今已基本被“湿吊”取代。原因在于，斗虫之前，各虫家可以通过控食、控水来减轻蟋蟀体重，这里面有相当的技术含量，由于出发点的不同，仍有不公平的因素，有些人不顾蟋蟀死活，一味控食，只为一场胜利，导致蟋蟀斗后难以复原，虽然钱是赢回来了；大多数养家希冀的是一条好虫一生能多赢几场，专业术语称为走了几“路”，这是养家着意追求的目标，也是一生的光荣。由于主旨的不同，这两种玩法是有冲突的。鉴于这类弊端，现在则在称重前统一喂食、喂水，以使蟋蟀在正常体重下出斗，称为“湿吊”，以避免对蟋蟀带来过大的损害。但“干吊”法大约从1776年开始，一直延续了二百余年。

从乾隆时期，喂养蟋蟀乃至斗虫都已开始用暖，这样就大大地延长了玩斗蟋蟀的时间。当时主要还是要靠水暖，养虫时以笼屉之类的器物，四周摆放蟋蟀盆，中央之容器，或瓷或金属，承放热水以保温。也正是这种需要，催生了鼓形罐的流行。鼓形罐的优长之处即是在用暖时，不至于伤着蟋蟀。而在斗时，亦有夹层斗栅，锡制，下层注入热水以保持斗栅之温度。

斗期的延长，对挖掘蟋蟀斗品有很大的意义，为认识蟋蟀色品带来很多便利，清代的蟋蟀谱较之明代有了大量的增益，内容更多。

从史料上看，至晚清时，南方数省已有部分蟋蟀产地和品种较为著名，《虰孙鉴》之著录，可视为康熙至乾隆中期的蟋蟀名品及当时人的经验：

苏州　黄大头
洞庭　墨牙黄
吴江　重色紫黄　黑
昆山　白
无锡　青大头（谚云：昆山莫斗白，无锡莫斗青）
江阴　白青
金山　琥珀青大头　白阔翅　白牙青
徽州　淡白墨牙　白黄墨牙　点子
杭州　砂黄墨牙
嘉兴　白牙青
嘉善　血牙青　黑黄

西新塍镇，凡蛩身不拘何处，有朱砂红点者，即系真将军，如红孩儿，是所产也。亦如南京楚黄山所出黄大头，必是真将军耳。

但当时交通不似今日便利，南方数省仍只玩当地蟋蟀，北方蟋蟀尚未被纳入视线。

在这个时期，南方的虫坛已经出现了斗虫名家，包括专业莸草的草师，亦已闻名。此事见于《虰孙鉴》："江浙运莸名家，苏州张君实、许君实，继有谢显臣，洞庭徐尔琦，松江戴圣陶伦三昆季，青浦蔡昌仪，杭州洪振初，继有王允侯，嘉兴严养源、陈君亮，嘉善杨龙求、陆宾王，平湖宋文雅诸公而已。余子碌碌，不足齿也。"

南方虫家中，随后出了一位大师级的人物，即秦子惠。

秦子惠，号偶僧，别号无闷道人，无锡人。其所著《功虫录》为斗虫实录，开创了蟋蟀谱新的体例和写法。所录秋虫自道光十三年（1833年），至光绪十七年（1891年），前后长达五十八年，共著录善战佳虫136条，王世襄先生评价说："时间之长，得虫之多，实罕其匹，故子惠当为清代晚期江南著名养蛩家。"此论甚是中肯。子惠之《王孙鉴补遗》实为"蟋蟀论"，见解亦超过前辈蛩家，颇有见地。

2. 北方斗蟋蟀的情况

自明代中后期以来，北京斗蟋风气渐炽，经明末之动荡，及至清初，已是物是人非。但是对于百姓来说，谁坐朝廷与我何干？虽然发式变了，税收却少了，日子该过还得过。待到社会稍稍安定下来，秋风一起，京城的百姓收拾起杂乱不已的心情，又开始接储雨水，收拾盆罐，养上蛐蛐了。而且流风所及，入关未久的八旗满人也渐渐喜欢上了这种小虫。不过北京地区斗蟋蟀的活动直到康熙后期才能看到一些迹象，康熙前期基本没有斗蟋的文献记录，似乎风气并不盛。这可能和当时气候较为寒冷有关。

清前期北方的斗蟋活动主要集中在北京地区，天津虽然现在成为北方斗蟋的重镇，但在当时尚不过是一个卫所，虽有漕运码头的繁忙，但终究不是人文荟萃之地，还要待一百年以后之晚清才如火如荼。

北京的斗蟋活动与南方相比，在风气上似有所不同，这大约和王公贵族、八旗子弟的介入有一定关系。

清初的制度，八旗子弟职位是世袭的，做不做事都有年俸，故而闲人很多。清初三代又有过数次围绕着皇位继承的明争暗斗，中枢耳目甚多，对皇室贵族颇有监视之意。王公贵族为避事端，也多小心行事，不轻易串门走动。王府虽大，整日待在家里也是烦闷，时日以久，提笼架鸟、听戏捧角渐成风气，斗蛐蛐也悄然流行。

北京斗虫，赌资不大，应该说雅玩的意味要重一些，这和参与玩虫者的身份构成有关。

南方各地文人雅士亦当有此雅玩之好，但圈子可能较为封闭，社会上赌斗参与者似与市民阶层有关，后延及乡民。蟋蟀在上海俗称“财积”，而在北方则以谐音俗称为“蛐蛐”，这种差异亦是市民文化之不同的体现。

北京城不同的是，八旗贵族不缺银子，亦无须从事挣钱行当，商业氛围就少，玩的是个心气，是个面子，资财倒是小事。台花不过月饼之类，却重视仪式感，每年近冬门，要举行叫作“打将军”的最后一战，胜者封王，举行祭拜仪式。王公贵族、养虫大户提前相约至某某家，虫佣、随从挑了担子，捧了暖匣，齐聚一处，相约会斗。从《斗蟋随笔》反映出的情况看，有的好虫，早秋斗过一路即收藏静养，只为立冬“打将军”争面子，可知对于赌钱并不在意。

“打将军”的帖子经陈重远的转述，可知大概：“篱豆花落，秋兴阑珊，冰雪在天，寒蛰将老，拟趁此时会，一决最后雌雄，再逞百战，余威喜见，夺得魁首。兹谨订于某月某日在某处为打将军之举，藉尽半日之欢，以志纪念。”

老北京“打将军”的风习随大清朝的覆亡而渐衰，《斗蟋随笔》中所记其亲历的最后一次“打将军”是在壬戌年，即1922年。王世襄出生于1914年，读中学时始参与社会上的斗局，但据他本人讲，没有赶上过“打将军”的盛况。可知“打将军”的习俗在民国十年（1921年）左右就难以为继了，即便偶尔还有，规模、范围都已很小，不复往日盛况。

有关康熙时期北京地区斗虫的记录基本看不到，但是从两个方面可以反映出当时已然颇具规模。

一是北方最著名的蟋蟀罐——赵子玉蛐蛐罐据传在这个时期开始成批量烧造。这至少说明，这个时期社会上有较大需求，加之明末万礼张已基本完成由“南盆”向“北罐”的演化，赵子玉蛐蛐罐则登峰造极，创造了一个高峰，成为北罐的代表性作品。随后的乾隆朝反倒没有明确可知的蛐蛐罐烧造记录，要到道光时期才出现“含芳园”制器，自此以降，京路蟋蟀罐的烧造才代有传人，绵延至民初。但是目前还没有明确的证据证实赵子玉蛐蛐罐是否确为康熙时的产品，依然是存有疑问的。

另一方面，康熙时期，蟋蟀谱中开始出现北方谱，是为梦桂之《蟋蟀谱》，此谱刊刻于康熙五十三年（1714年）。作者仍是南方人，吴门人士，但显然后来居北京，故其所述养法、名称、术语皆北方养家习用之语，已与南谱有较大不同。亦可知北方养家自晚明以来，经历了近一个世纪的养虫实践后，形成了具有北方特点的表达体系。稍晚则有康熙第十六子庄亲王允禄为《虹孙鉴》作序，但《虹孙鉴》本身却是南谱，亦可看出关于斗蟋习俗和技艺，南北之间的交融、汇合都已成趋势。

北京斗虫有一项与南方很不同的制度，就是上锋一方可以持重莜敲击斗缸。究竟起于何时不可考，但至少在乾隆时期已然存在，并一直延续到清末民初。《虰孙鉴》曾专门嘲笑过北人不懂用莜："大江以北，竟将槿树枝头碎劈如帚，于盆傍频敲以驱之，使其相遇，自张牙钳，此又不知莜为何用也。"

北方养斗蟋蟀应该说比南方晚了两三百年，《虰孙鉴》所述情形是其亲见还是得自传闻，也不好断定。但到了乾隆时期肯定已不是这般情形了，北方玩虫早期是否曾有过这个过程，亦未可知，从情理上讲，也许早期莜法不精，但全然不会使用莜草，却也不太可能。抑或就是北京人有用小棒敲击斗盆以助阵的这种习俗，南方虫家曾目见，但却不解其意，误以为北方人不会用莜，形成误解。

含芳园蟋蟀罐不知由何人所定制，但显然定制者非富即贵，除了蟋蟀罐之外，尚有过笼，皆为北京本地烧造，其配套的蟋蟀水碗，则出自景德镇定制。含芳园蟋蟀罐连续烧造了三年，是为道光壬寅、癸卯和甲辰年，即1842年、1843年、1844年。壬寅之1842年，这一年正是中英鸦片战争大清战败的那一年，8月29日，清廷代表——钦差大臣耆英、伊里布和英国代表在英军旗舰康华丽号上正式签订中英《南京条约》。当时的战事向北虽仅及长江沿线之镇江、南京，但可谓开启了千古未遇之变局，北京城上至王公贵族，下至平民百姓，却远远未能意识到这场战事究竟意味着什么，以为是远夷的小事，依然保持着天朝大国的心态，生活依旧，斗蟋如常。而蛐蛐罐无意中透露出了当时人们的心态，使之跃然浮出。

自道光以后，北京的蟋蟀罐烧造一直未曾中断，也涌现出了一些名家，诸如老连子、小连子、二和、大关等人，说明道光以后的斗蟋风气显然已很普及。这个时期包括清廷大员也参与了蟋蟀谱的刊刻。

《蟋蟀秘要》刊于咸丰十一年（1861年），麟光为著者之一，麟光号石莲，长白人，由国子监教习历任工部员外郎，升都察院御史，后放平凉府守护等职。著有《书春堂诗集》，刊于咸丰七年，咸丰十一年增刻。初刻之咸丰七年为公元1857年，前一年，由“亚罗号事件”引发了第二次中英战争，史称“第二次鸦片战争”。

据《蟋蟀秘要》之《石莲麟光序》所言：“于是有精心之士，考古穷微，今乃成《蟋蟀秘要》一集……实令读者悦目开心，不待别为之点窜矣。余每批览，不胜叹服其妙谕。”似此书并非石莲所著。察其内容，也基本抄自古谱，但确有新增之处。王世襄先生在此谱之“提要”中说：“据书中吴补功题识曰：‘《书春堂诗集》内有《蟋蟀秘要》一本，细展读之，乃知石莲老先生所著。’书末有数页盛赞甲寅年所得佳虫红牙青，战胜祥王府名将黑虎，并有题诗等，乃是麟光本人口吻，文字应出其手。”

《蟋蟀秘要》之刊刻，与《书春堂诗集》之增刻本出自同年，皆为咸丰十一年，即1861年，两书大约是一并刊刻的。十年前洪杨之乱已肇始广西，国号“太平天国”，1853年太平军业已攻占南京并建为都城，《蟋蟀秘要》记有甲寅年所蓄红牙青大胜祥王府之黑虎的旧事。甲寅年为咸丰四年，即1854年，为太平天国建都之次年，那年太平军攻克庐州（今安徽合肥），继率师西攻，于黄州大败清军，乘胜再占汉口、汉阳，进围武昌，同时分军两支向鄂北、湖南进军，与曾国藩所率湘军战于岳州、湘潭和靖港。

《蟋蟀秘要》刊刻的这一年，太平军攻上海，上海守备军不敌，曾国藩之湘军正酣战于安庆，遂有荐李鸿章组织淮军之策。

而此前一年，一件大事在北京发生，英法联军先攻陷大沽口，后又攻陷通州。9月，战事逼近京畿，英法联军大败僧格林沁。咸丰帝则以北狩为名，携皇后、懿贵妃等离京逃往热河避暑山庄。10月13日联军从安定门攻入北京，入城后联军发现清军将英法使节团多人虐待至死，遂决定报复，并教训中国皇室以后不得蔑视英国及法国，致使圆明园被焚毁。此后签订中英、中法《北京条约》。法国作家维克多·雨果曾对此给予强烈谴责，称之为“两个强盗的胜利”。当此之时，麟光身为朝廷大员，尚有闲心刊刻蟋蟀谱，可知当时官场之腐朽以及官员之离心离德。这倒也不是说在朝野动荡之际，人们就不可以娱乐。当时尚没有民族国家之观念，有的只是天下观，无非以朝廷为本位，尤其经过了女真人入主中原，谁来坐朝廷实在与百姓无涉。但既为当朝臣子，其应有的担当自又不同。其实更令人感叹的是如此朝臣——从《蟋蟀秘要》之内容看——见识实在一般。书中一再提及化生说，说某种蟋蟀是十年蜻蜓所变，某种是铁头蝴蜂所变等，凡八例。实为腐儒之见，如此之人却也能外放为地方干员，夫复何言？

1860 年，《北京条约》签订后，天津被迫辟为通商口岸，各国列强划定租界。英国、法国、美国、德国、日本、奥地利、意大利、俄国、比利时等九国先后在天津设置了近十五平方公里的租界地，相当于天津旧城的八倍。租界国家之多，面积之大，在全国仅此一例。洋商、富豪纷至沓来，营建洋行、银号、商店、花园、娱乐场、办公楼，开办仓储、航运、进出口贸易，建立医院、学校，盖洋房，造别墅。列强在租界里设立领事馆、警察、武装部队。市政建设、公用事业、财政事务等亦全由租界当局施行，成为独立于中国行政和法律之外的“国中之国”。在租界繁荣的刺激之下，国内的官僚、买办、富商、政客也在天津买房兴业，频繁往来，使天津成为近代殖民政治、工商业、金融经济、中西文化的聚合地。

天津的斗蟋活动不能说此前一定没有，但真正发展起来，应当是在开埠之后。有关这个问题，目前尚无严格的史料可以依据。但从现实的情况考量，租界设立之初，面积竟达天津老城的八倍，一方面让我们感叹租界之大，另一方面也可以知道当初天津之小。天津人口的增长、经济的繁荣是伴随着租界的设立而得到了快速发展的机遇。华洋杂处，客商往来频繁，造就了天津商业文明与市民文化的高度融合和发展。最终当大清轰然崩塌之时，天津取代北京成为北方的蟋蟀罐烧造中心，但北京的斗蟋活动到民国一直延续不衰。

济南的斗蟋活动也是随着开埠而出现的，不过更晚一些。

济南城是一个极似江南的北方城市，家家泉水、户户垂杨，石板路上常有泉水涌出，清澈可人。老城又有护城河环绕，故有“四面荷花三面柳，一城山色半城湖”之美誉。直到晚清时，城北的大清河仍可以连接济宁，与京杭大运河相通，泺口码头货运繁忙，也算得上水陆通衢之地。济南的文化底蕴一直较厚，南宋罗愿《尔雅翼》“蟋蟀”条下，考蟋蟀之别称，曾引西晋崔豹《古今注》：“济南人谓蟋蟀为懒妇”，这应当是“促织鸣，懒妇惊”的简称。济南人对蟋蟀的关注可谓由来已久，但斗蟋活动却很难向前追溯，直到民国初期才有著述提供了晚清时斗蟋蟀的明确记录，事见曹家骏之《秋虫志异》。

曹家骏，江苏仪征人，一生游幕山东数十年，好蟋蟀之戏，晚年遂有此作。《秋虫志异》是济南商务印书馆1925年的排印本。书中《经验门》之“长须黄眼”条下：“清光绪年间，电报生唐峄山得此虫，腰圆长身，腿大而白，须长三寸许，斗时一往直前，勇健无敌。”又于“铁弹子”条下注曰：“前清光绪年间购自甸柳庄，形如枣核，牙复窄短，周身黑暗无光，意颇轻之。及合对，二十余次不见着力即胜，识者谓铁弹子云。”

以上两条皆指为光绪年间。曹家骏生卒年不详，但济南蛩家莫耀青、刘冠三等人皆与之有交往，曹家骏大约活到了20世纪三四十年代。假设其著书之年（1925年）为六十五岁，其二十岁时来山东之年则为1880年，是为光绪六年。故其所亲历不可能超出光绪一朝，他一生游走于山东各地，晚年与济南蛩家交往极深，对济南的斗蟋掌故当知之甚详，但在其著述中却没追述济南更早的斗蟋情况。

济南电报局是随着胶济铁路的建设和济南开埠而设立的，济南属于自主开埠，是袁世凯在做山东巡抚任上推动起来的，于老城之外新建了一座新城，称为商埠区，事成则在光绪三十年，即公元1904年，这一年胶济铁路全线贯通。此前，济南是个传统而又保守的城市，济南的斗蟋活动的繁盛很可能是随着济南城的开放和外来人口的增加而发展起来的。但此前济南或许已有斗蟋活动，至少济南所产蟋蟀已是名声在外，竟至于为北京人所知。

最早提及山东蟋蟀的是拙园老人的《虫鱼雅集》，是光绪甲辰的排印本，即1904年，正是济南开埠的那一年。但书中所述，自当是成书前的知识。书中“秋虫总论”论及北方产虫佳地：“北地山虫，以易州、涞水地道为最……山东虫推济南、肥城等处地产者佳，颇有大分量者……”

易州、涞水都是河北产地，山东产地只提及了济南、肥城，后世所推重的宁津、宁阳、兖州、曲阜等地，当时或许尚未广为人知，但北京斗场上已然出现各地产虫。恩溥臣《斗蟋随笔》所录第一条虫就是乐陵虫真青，事在光绪二十一年，即1895年，也是甲午海战之次年。第二条为济南虫，为丁巳年，即1917年，已是民国的事了。

三　蟋蟀谱的发展与问题

斗蟋活动经过了宋元的积累，尤其是经历了明代宣宗朝的推动，到明代后期已是遍及南北的民俗活动。入清以来，斗蟋活动的地域范围在不断加大，加之掺入赌斗的因素，赌资已不菲，输赢亦难料，这在客观上推动了对蟋蟀的深入研究。对蟋蟀认知的需求，也催生出一个著谱的高峰，蟋蟀谱由此前单一的南谱发展出南谱、北谱两大体系。

王世襄先生晚年纂集《蟋蟀谱集成》，共收录古谱17种，其中明谱5种，民国谱3种，其余9种皆为清谱。

清代蟋蟀谱首先是品种著录远远大于前谱，虽然其中不乏定名不准等问题，但视野开阔却是明显的。我们通过清理嘉靖本《重刊订正秋虫谱》新增部分而推论出的宋谱，品种仅得43种，剔除劣品6种，优良品种仅得36种或37种（因原书有缺页，不好妄断），总之不会超出这个范围。《重刊订正秋虫谱》新增部分仅为3种。明末周履靖之《促织经》因系合并两谱乃至三谱而成，同一虫名下，在不同的章节表述却不一致，著录品种虽有70余种，但逻辑混乱，实非良谱，亦很难视为准确的品种范围。

清代蟋蟀谱以《虹孙鉴》篇幅最大，著录蟋蟀品种也最多，著录品种102种，剔除劣质下品12种，优良品种为90种。另外其“见闻记异”又提及比如白砂青、红砂青、金匾方等43种，虽未详述，但可以知道当时为人所熟知的品种已达百种以上。

清代谱系还有一个进展，较集中地体现在秦子惠的《王孙经补遗》，就是“论”。明谱多为歌诀，受歌诀体所限，故而语焉不详，或言而未透，秦子惠的“论”则为语体，故较为详尽，其所论范围较以前也有很大增幅，直到现在，很多蟋蟀谱还是避不开这部分内容，依然照录。与现代谱相比，有关蟋蟀各部位名件，除了副斗丝丝形，子惠未曾提及，其他内容和看点已基本涵盖。

至清中期，蛩家已不再单纯认为不分时段的“色盖论”能站得住脚。

《秋虫谱》中可能来源于宋谱的“胜败释疑论”以及明代新增的“将军败论”都将胜负归结为真色、假色之别，强调色类的因素；而清人著述明显认识到了问题的复杂性。不同色类、出土时间早晚，蟋蟀之成熟进境不一，就牵涉到出战时机的掌控问题，比如《虹孙鉴》“得时失时论”：“夫早秋、中秋、晚秋，递为时之先后，蛩禀冷热之性，于焉攸分。如初出土之候，两尾平垂，粪仅泥水，是其后天之气未充。于以角胜，如孩提之童，使之披坚执锐，是未及其时；逮衰老之年，使之操戈跃马，是又过其时，均谓之失其时也。待蓄养有日，俟其双尾挺劲，粪亦结粒而白，则精彩强壮，勇力倍加，如马之膘肥骁健，自能腾踔千里。鸟之羽翮丰满，自然奋迈云霄，此正其得时之候也。然或因水食之失调，接斗之频繁，虽乘其时，亦常蹶踬。人但知时不可失，而未致审于毫厘之间矣，是故得时失时。虽视乎蛩性之早晚，而实由人以握其权也。”

这类认识较之明谱已有进展，但也仍属浅显易见。《虹孙鉴》意识到了一个对理解蟋蟀极为关键的问题，就是当年气候与蟋蟀出将色类的关系，这就不是一种简单的认识了，具备了一定的高度。

大抵人的知识水准决定着他的认知层次、见识高低，而见识的高低，决定着他的成就。江南毕竟底蕴深厚，历来为人文荟萃之地，朱从延其人，事迹不详，然《蚟孙鉴》能在清谱中成为集大成者，亦非浪得虚名，也确是见识卓然者。

在经历了长期的养斗实践之后，蛩家大约是发现了每年蟋蟀出将的色类总有一定的变化，并非一个色类今年斗得好，来年也一定会斗得好。《蚟孙鉴》提出了“逐年将军生化”和“值年将军”的概念，论曰：“逐年将军生相颜色不同，要看其年是何干支，是何纳音，得其正者，方为真正大将。其他颜色，亦得成将，但遇值年颜色者，则不能胜矣。纵有生相，未能尽美，而与值年颜色相类者，往往较之别色，自觉善斗。再又须详其年之水旱雨旸，如年遇亢旱，所出之蛩定多小而不丰厚，倘得一丰厚肥大者，自当迥出寻常；如年遇水涝，所出之蛩每多娇艳而肥大，未能尽佳，至有绝好出色者，或遭水淹浸，致损元气，终难成将……此理甚微。”

朱从延虽云“此理甚微”，实则至大。这种思路大致上已经接近谈论生物与自然之间的关系了，但其方法却没找准，抑或朱从延自己心中已有定数，只是故意隐而不彰，秘不示人，隐为绝技；亦或朱从延得自其他蛩家口授，自己并不精深，故语焉不详，仅以流年纳音应付，以至于后人基本没人接受这个看法，即便有心接受，也难以活用及应验，乃至经久而无人跟进。包括秦子惠，其人以一生之心得著为一书，取名《王孙经补遗》，可见受《蚟孙鉴》影响有多大。但秦子惠显然没能理解朱从延“值年将军”的实质，从《功虫录》内容看，其中录有一条“值年五色”，显然理解有误。既是“值年将军”，就该当是以其色类所具有的偏性而得其锐度，其原理犹如“旱瓜涝枣”，乃是着眼于气候条件对特定生物的有利或不利的影响，具体到蟋蟀，则体现于色类，自然不能以五色俱全来理解，子惠未能得其真意。

常言说提出问题就解决了问题的一半，及至民国，李大翀纂集十卷《蟋蟀谱》，其中也收录了《虰孙鉴》的这部分内容，但也未能对此做出有力的解释，乃至后世仍将这部分内容视为占卜和迷信，依然将问题留了下来。直到近年，才算找到了可行的方法，余以《黄帝内经》“五运六气”中气候与生命现象的相关性，解读了这部分内容，基本思路收录于《中华蛩家斗蟋精要》之“以《易经》《内经》解虫经”一章以及《解读蟋蟀》一书，时据朱从延1776年提出此问题，已然两百多年矣。其实，回过头来看，清代江南名医叶天士无论知识结构还是心智水准，都是有可能解决这个问题的，可惜虽然有叶天士玩虫的传说，但他可能忙于治病救人的大事，于此嬉戏之道竟无暇顾及，没有留下相关的文字。

蟋蟀谱的一切内容皆着眼于斗，这有赖于对活体蟋蟀的观察和研究，解剖学有助于对一部分内容的理解，但单纯以解剖学的视角是没法读懂蟋蟀的。所以蟋蟀之道看似简单，实则解读不易，如果没有一个总体的、宏观的把握和理解，对于个体蟋蟀常有的出人意表的表现，完全超出人们的经验体系，让人困惑不已。且不说清代尚未引入科学体系，即便科学体系已为常识之今日，要想理解蟋蟀的作为，仍难得要领。

道光年间，在远隔大洋的法兰西，一位中学教员开始了他一生的对活体昆虫的观察和研究，至晚年他出版了十卷《昆虫记》，雨果盛赞他是“昆虫世界的荷马”，达尔文也称赞他是“无与伦比的观察家”。有关蟋蟀，他写过蟋蟀的住宅和鸣唱两篇文章，可惜当时的大清锁国日久，在大的文明层面都缺乏与世界的交流，更遑论细微如昆虫之学。中国之蟋蟀经与法布尔的昆虫研究，其主旨、意趣皆有不同，但面对的生态却是一致的，如果法布尔能在当时读到中国同好五百多年来对蟋蟀的研究和理解，不知会给他带来多少遐思和助益。

清代蟋蟀谱虽较之明谱有了长足的进步，但是问题也很多。

首要的问题还是在蟋蟀定色命名上，偏差越来越大，这可能和《秋虫谱》流传不广有关，反倒是周履靖《促织经》传播较广，这从清谱内容上就可以看出来。随之出现的问题就是定色原则的混乱。明谱《鼎新图像虫经》还大致坚守着以斗丝色定虫色的原则，只是在黑与黑青之间出现含混。

《蚟孙鉴》的作者朱从延是见过《秋虫谱》的，所以在《蚟孙鉴》中，各个色门之前都有称为“总诀”的文字，诸如“黄色总诀”“青色总诀”等，大致上录自《秋虫谱》中各色“总论”。从《蚟孙鉴》新增的品种情况看，朱从延是个明白人，比如“熟虾青”：“水红尾兮水红衣，壮肚阔腰模样奇，浑身不见有斑点，旁人误认熟虾儿。”此虫遍体水红色，但却归为青虫门，主要依据是其总诀所指明的前提——“白麻路细丝透顶”。

但是《虻孙鉴》中也夹杂了很多不符合这个规则的定名，其原因之一是沿袭了《鼎新图像虫经》的误录，其二则有可能来自重刊时的补录。我们今日能见到的《虻孙鉴》，是庄乐耕、林田久重刊本，原书已不获见，此二人寻访到朱从延家时，朱从延已然过世，其后人将《虻孙鉴》之刻版当柴烧，损失不小。所以有部分内容是庄、林两人找人补刻的，在这个过程中，或许夹杂了此二人的见解，故而使此书中出现定色原则不一致的现象。

对定色命名原则误解最深的是金文锦《四生谱·促织经》，其序云：“蟋蟀见于《唐》什，详于《邠风》，是亦古风雅之士究心所在也，自李唐来，宫中为蟋蟀戏，传至外间，人争效之。然辨形、辨色之说，究未通晓。至宋贾秋壑著《促织经》，所谓形色始详论焉。迨明季坊刻，多创为歌吟，著其名兼著其象，绘其色亦绘其声，然错舛纰缪，正复不少，余值小圃凉生，酒酣夜坐，风飘桐叶，露湿桂花，蛩声四壁，凄凄切切。因检旧编，挑灯删定，非敢自附于古之格物君子，亦一时游戏偶及云尔。”

从“绘其声”之句看，金文锦所见到的是《鼎新图像虫经》或周履靖《促织经》，这两个谱中都在虫名之下著有两字或三字的小注，比如“箔哑”“声明”等字样，其所指及意义虽不能完全确知，但多数情况似与鸣声有关却无异议，而此内容不见于《秋虫谱》，故知金文锦所见必非《秋虫谱》。这两谱皆弃《秋虫谱》中“定色总论”而不录，所以金文锦显然不知道宋明早期谱系的定色原则，故而以一己之见“挑灯删定”旧编，致使出现了大量的误解，将古谱以斗丝色为定色依据的总原则转化为以皮色定色，比如明谱中黑黄、红黄皆列黄虫门，而在金文锦的谱中，黑黄列黑虫门，红黄则列红虫门；如此分法，彻底扰乱了定色原则，使后世的局面完全混乱。

此谱刊刻于康熙丙申年，即公元1716年，属于清代早期谱，且流布较广，更使谬种流传，延及当代。

四 蟋蟀器物

1. 北方蟋蟀罐

在北方陶制蟋蟀罐中，赵子玉罐是名气最大的，几乎成了蛐蛐罐的代名词。赵子玉罐传为康熙时产品，余曾面询王世襄先生，先生也说是蛩家代代相传，是康熙制品。

但是有关赵子玉蟋蟀罐，我们所能确知的甚少，到目前为止仍不能确定究竟是何时开始出现。据北京藏家卢望介绍，《萝窗小牍》曾提及：“国初京师有赵子玉者，善制澄泥蟋蟀盆，式既古雅，刻镂亦精，好事者珍之亚于宣德。”但余多年来未能寻到《萝窗小牍》，究竟何人所著，亦不知晓。从某些文章的引文中看到此书提及的人物有道光时代的，可知其作者当为道咸以后的人物。这则记述作为清代文献之孤证，但基本信息却与事实不符。今日藏家公认，赵子玉蛐蛐罐皆为素罐，并无“镂刻”之花罐；所谓“花淡园”“花恭信”等带镂刻、装饰的花罐，皆为晚清制品，多由大关所制。

但有藏家曾见南盆大家邹东帆仿赵子玉的“大恭信”（内腔属名邹东帆）。邹东帆，苏州陆墓人，南方藏家公认他是道光时期的制罐高手，如果此罐确为邹东帆所制，可知当时赵子玉已声名远播，乃至南方亦有仿品。

但是康熙晚期梦桂《蟋蟀谱》“论盆”篇却不见提及赵子玉。梦桂虽为吴门人士，但从其行文中可以看出此人在北京生活过很长时间，故其所用术语皆为北方养家习用之语。据其序末所题“康熙五十三年岁次甲午夏月吴门梦桂月攀氏序于金台揽秀轩中”，扉页署“光绪二年新镌”“天绘阁发兑”等字样，可知是1876年印行的，但其写作完成却是一百年前。

此书之“论盆”篇云：“盆以贮虫，不可不美，器如连武之竹节盆，宋贾秋壑之瑞毅盆，张之宣窑盆，有龙凤山水花卉人物进贡盆，御窑五彩瓷盆，梅梢月盆，五判盆，五鱼盆，清玩盆等名，不一而足。由京思之，古人之制度未尝不精巧，特其盆太薄，近日易热，近风易冷，宜于南不宜于北，况未易购求……若夫日用以贮虫者也，洗盆必须用雨水或甜水，棕刷刷净盆内秽气，用布手巾拭干，免虫受伤……制新盆需用雨水或甜水煮透，再用三合土江米汁垫好，用雨水浸泡透时，贮虫方妥……”

文中所提及之盆皆为南盆，也认为南盆于北京地区并不适用，所提及新盆的处理方法，与今日习用之方法并无二致，可以知道当时确有烧制蟋蟀罐的，却没有提及赵子玉蛐蛐罐。不知是何缘故？抑或赵子玉尚未赢得大名，养家尚以一般工匠视之？

有关赵子玉罐的品种，后世说法不一，但一直有13种之说。王世襄《秋虫六忆》集拙园老人、李桐华、黄振风及虫贩赵子臣三种说法，在其《秋虫六忆》“忆器”篇中曾有详述。综合异同，似不应以泥色、款识混同分类，倘以款识分，得13种：1.古燕赵子玉造（末一字为“制”者皆伪）；2.淡园主人（全为三号罐）；3.都人赵子玉制（末一字为“造”者伪）；4.恭信主人盆赵子玉制（大恭信）；5.恭信主人之盆（小恭信）；6.敬斋主人之盆；7.韵亭主人盆；8.闲斋清玩；9.乐在其中；10.全福永胜；11.净面（无款识）；12.大清康熙年制（有争议，李桐华认可，黄振风、赵子臣不认可）；13.永战三秋（有争议，黄振风、赵子臣认可，李桐华不认可）。

近年经北京藏家研究，确有一款“大清康熙年制”罐，泥质、器形均与赵子玉罐一致，断为子玉系列。余亦曾寓目，论品质确与子玉罐难分轩轾。“永战三秋”章款形制、用字皆显单薄，确实不似子玉惯常风格，但泥质、造型皆与子玉罐同，不知何故。或为定制，章款为订家提供。

子玉罐多为二号、三号罐，也有五号罐，比如“乐在其中”。但子玉罐中没有一号罐，“淡园主人”则全为三号。从传世品看，泥质最佳者当数“敬斋主人之盆”，只有少部分“淡园”“净面”及本款之佳品能与之相比。

所谓“净面”，是指全器光素，甚至连章款都没有。曾有人推测，认为此罐是宫中太监所定制。太监身份、所处环境皆特殊，不便加外间款识，故有此器，只是没有相关证据证明。不过从情理上讲，净面这种做法太超常规，倘无特殊原因，不似一个成熟工匠的行事风格，的确让人有许多想象。

赵子玉蟋蟀罐中有一款被称为“大恭信”的较为特殊，其款识为“恭信主人盆赵子玉制”方章。赵子玉蟋蟀罐中不乏玩家定制盆，诸如“敬斋主人之盆”和“韵亭主人盆”等，即是定制，就不落工匠之名，唯“大恭信”除定制者外，又落了子玉的款，有可能是子玉较为晚期的作品，大约当时赵子玉的产品已然备受好评，被视为名品，故玩家亦以拥有子玉盆为荣，故有此举。“大恭信”有泥质极佳者，但多数传世品泥质明显不及“敬斋主人之盆”和子玉本款。

台湾唐鲁孙先生文集《大杂烩》，其中有一篇《铁臂大元“蟋”》记曰：“据说早年赵子玉在三河县得罪了某王府的一位皇粮庄头，不但捏词要把赵子玉送官治罪，而且仗势要把他那块澄泥沱地没官。幸亏扎公爷在三河有块旗地，听得其情加以援手，亲自到王府关说剖白，赵子玉那块宝地才获保全。赵子玉为了感恩图报，凡有精品出窑，总忘不了送扎恩公一份。”

唐鲁孙是珍妃的侄孙，交往的也多是王公贵族，晚年于台湾怀恋故土，写了很多文章，所述老北京及大陆各地风情十分精彩，但该文后来提及子玉精品罐，却与事实不合。所说扎府送他的宝葫芦形章款的赵子玉罐，却并非真子玉，应是连氏父子所为，由同仁堂乐家定制。出现此类误判，或因唐鲁孙少时偶尔玩虫，并未深究之故也。有关沱地之说，亦难断定是否确实如此。

也有藏家认为，“赵子玉”是个作坊，并非一代人之功，故其流传久远，且款识较多。但此说终究找不出确实的依据，而且有迹象表明，晚期子玉已面临优质泥料短缺的局面。余与济南李金圣先生赴京访罐，曾见过一只白泥本款子玉罐，外观泥质极佳，确实是子玉罐，因残损较重，故可见胎，其胎体居然有类夹心糖，内芯泥质极粗，外裹子玉细泥，以此法制罐，费工甚于单一泥料甚多，倘非优质泥料短缺，断无此必要。子玉早期罐，亦有破损者，则无此现象。

至民国时子玉罐真品、仿品已是鱼龙混杂，精于此道者亦不甚多，好多大户所藏也未必都是真子玉。不过，侯宝林为答谢王长友传授相声段子而赠的那对“淡园主人”确是真品，余与金圣兄皆目见。现藏于北京某玩家手中。

据京津两地藏家调查，子玉罐现传世者，包括腔子、岔盖儿，可能不过二百来只，能称上原套子玉者，就更少。

赵子玉之后，似乎有一段沉寂期，直到道光时才出现有规模的盆罐生产。随后北方蟋蟀罐呈现纷杂的局面，制罐家渐多。

从康熙至道光，中间相隔一个世纪，从情理上讲北方不应该全然没有盆罐生产，有些传世品传为此时期产品。天津藏家将“骨牌子玉”定为嘉、道时产品，虽为推测，或许有一定道理。所谓“骨牌子玉”，是因其戳记较大，类似骨牌而得名，其章款字口较深，却有失雅致。天津藏家认为精品赵子玉罐是从骨牌子玉发展而来，是道光时期的产物，却也缺乏明确的依据。

据天津藏家苏鸿礼先生介绍，颜体款“竹庐居士朱万甫”是清中前期的产品，“康熙盆瓦中玉”“吟秋精舍珍藏”“令字卷石山房”亦是清中期所创，但创制者不能确知。所谓“令字卷石山房”，是指其章款中“卷”字为行草写法，其下部类似“令”字形，故云。此与后世史老启所制工整的章款有很大不同。“二十四鸳鸯馆”也大约始创于此时期，但今日常见者，款识为扇面形，有明显的民国风格，亦为老启所仿，而原创者不获见。济南著名蛩家柏良先生藏有盖上题诗的一款虫盆，形制介于南盆、北盆之间，俗称“月饼模”盖儿，为道光时产品，亦不知何人所为。“瓦中玉土净盆”为此时之精品，其蝴蝶镶嵌之装饰方法是用泥质竹钉嵌于盆体，手法较后世复杂。

20世纪90年代北京建地铁时，曾出土蟋蟀罐一宗，款识为“三秋永胜”，此前从未见著录及传世品。造型较粗糙，泥质一般，但很有特点，盖儿与腔体经旋转，只在一个位置上具密实度，而且就像扭住了丝扣，可以连带罐体一并提起。现四只藏于天津某藏家手中。有关其年代，或明或清，皆为推测。但从器形、工手看，甚质朴，当不晚于清中期。想知道民间烧造虫盆究竟有多少种，实在是不易弄清的事。

较有影响并有一定产量的烧造体系，按时间顺序排列，情形如下：

a.道光壬寅、癸卯、甲辰含芳园制

就流传所见，仅此三种年款，是为道光二十二年、二十三年、二十四年，即1842年、1843年、1844年，此后不复烧造。“含芳园”显然是贵胄所为，不仅蟋蟀罐、过笼亦精美，而且还定烧瓷质水槽，其中半月形青花六蟹最为著名。

b.老连子系列

连辅鸣，北京人。据天津苏鸿礼先生闻故老相传，其制罐年代最早可上溯至道光。“连辅鸣雅制”为其代表性作品，其器高腔挺拔，秀美俊逸，泥质上乘。又自书其款，正大光明。“大明宣德年制”顶天立地款为其所创烧，此款虫盆后世亦有仿者。老连子后期作品有与陈古清合制者，两人同时押款，称为“清江”款。陈古清，传为连辅鸣之婿，或为其子侄辈。老连子罐二号、三号多见。

c.小连子系列

小连子是连辅鸣之子，曾住北京珠市口草市胡同。其作品主要仿“古燕赵子玉造”系列，但款识、器形有区别，泥质、工手远逊。与真子玉相比，器形稍矮，多为二号、三号罐。未见一号者。小连子并非刻意造假，乃是崇尚赵子玉而作寄托款。凡小连子所为，必于罐体内壁或圈足内侧，打“连记”极小帮戳，亦属明人不做暗事。颇得乃父家风，唯制罐品质有所不及。款识中有一款外饰回文装饰之小款“大明宣德年制”似乎创自其手，多为三号罐。

d.二和系列

瑞靖和，旗人与罐家皆称其为“二和”。后世仿赵子玉者，唯二和最像，造型、泥质，其精品皆接近真子玉，主要仿子玉本款。所用章不下两种。据说民国时唯一能在当铺里以假乱真当出钱来的就是二和仿的赵子玉。可见其水准。二和所制彩泥镶嵌蝴蝶盆，亦是名品。

e.大关

大关号“燕山居士”，姓名不详，家住北京右安门一带，晚清人士。大关的作品品种最多，替大户定烧也最多。诸如花淡园、花恭信，据说是北京左家定烧。但淡园的章款较真子玉大。“始平耀庭氏”亦为其代人定制。晚清罐中，以“天地玄黄”等《千字文》排序始自大关。大关的针刺装饰较为著名。“联璧居士”款针刺蝴蝶盆属较著名的作品。其子玉寄托款则有纵排单列“古燕赵子玉造”，被称为“韭菜叶”款。此人是晚清北方制罐业的转折性人物，传统京路罐，除少数几个品种外，皆以造型取胜，故多为素面；大关重视外观装饰，影响到了后世蟋蟀罐的发展，此其一。其二，自大关起，开始出现大器形，比如制于光绪己亥年（1899年）的始平耀亭氏，就已为一号罐。此后，津路罐一号者，乃至大一号者多见。其三，清末民初，天津人邀请大关、二和等制罐好手于津门烧造虫盆，开启了天津的制罐业。大关以后，北京制罐业衰落，北方制罐中心就此转入天津。有此三条，大关堪称承上启下之人物。

赵子玉之后，北方制盆业呈现纷杂之局面，窑口众多，烧盆者亦众，笔者走访京津藏家，尚有许多盆罐、款识仍不能确知其烧造者，或不能确定其烧造年代。此仅择其要者而简述，较诸完备差之尚远。见识所及，或有错讹，亦未可知。

其实清代蛐蛐罐，别说今日，就是民国初期就已经说不清了。有关清代蟋蟀罐最常被引用的当属邓之诚《骨董琐记》，该书初刊于1926年，其卷六“蛐蛐罐”一节记曰：“石虎胡同蒙藏学校，上年掘土种花，得蛐蛐罐极多。有姑苏彩山窑常德盛制者十一，永乐制也；淡园主人制，外青内紫者一，秋雨梧桐夜读轩制者三十四，康熙制也；赵子玉制，署恭信主人之盆凡四，署西明公凡一，署古燕赵子玉制或造者凡六十，书制者较精美。又敬斋主人之盆一，彩胜主人之盆二，韵亭主人之盆一，寄敬堂制一，清溪主人、珍香外史各一。相传校为吴三桂旧邸，即周延儒宅，为京师四大凶宅之一，居者率不安。此不知何人埋藏。闻故老言，道光时长安贵人斗虫之风极盛，今淡园等制，流传尚夥，且有识虫名者，予数见之，信皆佳制，但不古朴尔。大抵其时新制，特窖藏之，为去火气，使不伤虫。康熙容或有之，永乐、宣德，吾未之能信。又闻贵人蓄虫，率同式廿四罐，列之几案，呼为一棹，蓄多者至数十百棹。今此流风消歇久矣。”

“上年”是哪一年，邓之诚没交代清楚，总之应当在1925年之前。这宗蛐蛐罐究竟是何人何时所埋，邓之诚亦未加考辨，盖因其并非蟋蟀玩家，对蟋蟀罐的了解不深所致。今日距邓之诚著述年代近一个世纪，如若考辨，更加困难。但是邓之诚所记仍然提供了诸多信息。

从邓之诚行文看，此人显然不玩虫，对于北平当时的玩虫习俗亦不甚了解。其“长安贵人”云云，依稀可以看出王仁裕《开元天宝遗事》的影子。但此处似乎是指，大约道光时期西安亦有斗虫风尚。邓公对蟋蟀罐的认知，尤其是对赵子玉罐的认知多有错讹，比如“西明公”显非赵子玉所制；“淡园主人”“敬斋主人之盆”“韵亭主人之盆”均为赵子玉定制八种序列，邓文反不列于赵子玉名下。“古燕赵子玉造”与“古燕赵子玉制”之间，“造”为真品，“制”为仿品，已有定论。而且从传世品看，“造”之精美远胜“制”者。而邓著倒置，或为误传、误记，或署“造”者亦为后世仿制，反而不如“制”者精美，皆未可知。

蛩家埋罐、窖藏是对新罐处理的一个环节，是为了去新罐之火气。复杂的还要冬日里填雪，夏日里沉于井底，如此三番，目的是避免盆中所残火气烧了虫爪。埋于土内更是为了得土气，滋养虫体。蟋蟀为秋虫，属金，土生金，而火克金，去除火气，具足土气，始可养虫，甚合物理。但一般处理虫罐，多是整桌。按古制，一桌为二十四只。从邓文可知，此处埋藏多者为三十四只，少者竟至于一两只。且南盆北罐都有，其中姑苏彩山窑确为明代早期之南盆，为苏州陆墓镇所烧制，可以视为宣德器；赵子玉系列如若确为真品，则出自康熙时期；赵子玉“制”者，应当是清中后期的仿制品。此宗盆罐年代既不统一，数量也参差不齐，显然不是为处理火气而刻意埋藏，从情理上分析应当是突发变故，主人来不及带走又不甘心丢掉而采取的掩埋措施。显然是心有挂记，尚存一念，希冀将来还有机会取出，不然大可以直接扔在花园里，没必要费这些功夫。

从上述资料，可知埋藏时间不早于康熙时期，必在其后，但仍难以断定此罐为何人何时所藏。如此，则仍需考辨石虎胡同前后的拥有者和居住者。

石虎胡同闹鬼的逸事见诸纪晓岚的《阅微草堂笔记》："裘文达公赐第，在宣武门内石虎胡同。文达之前，为右翼宗学。宗学之前，为吴额驸（吴三桂之子）府。吴额驸之前，为前明大学士周延儒第。阅年既久，又窈窕闳深故不免有时变怪，然不为人害也。厅事西小房两楹，曰'好春轩'，为文达燕见宾客地。北壁一门，又横通小屋两极楹，僮仆夜宿其中，睡后多为魅昇出。不知是鬼是狐，故无敢下榻其中者。"

裘文达即裘曰修，乾隆四年进士，历任礼部、刑部、工部尚书，曾任《清令典》总裁，奉敕撰《热河志》《太学志》《西清古鉴》《钱录》《秘殿珠林》《石渠宝笈》等大型传世名著，又奉命补《华严经》残本。屡勘河道，治水有名绩。其时，黄河、淮河、运河多次泛滥，积水久不排泄，山东、河南、安徽各地深受其害。他奉命勘察，向朝廷上疏献策，和灾区官民尽心筹划，领导治水28处，开河67条，完成水利工程计300余里。裘曰修多次主持乡试会试，是纪晓岚的授业师。

裘曰修之前的右翼宗学，乃是指雍正时期曾作为八旗子弟的贵族学校，这期间有一位后世变得声名显赫的人物居此处，就是家境败落之后的曹雪芹。也就是在这里，曹雪芹开始撰写他不朽的名著《石头记》。这期间，他与在此就学的敦敏、敦诚兄弟结为了挚友，常有诗词唱和。敦诚《寄怀曹雪芹》诗："当时虎门数晨夕，西窗剪烛风雨昏"即指前事，其"虎门"即指石虎胡同之右翼宗学。据红学家们考辨，所谓"悼红轩"很可能就在此宅之中。

敦敏、敦诚兄弟是皇室后裔。敦敏曾著有《懋斋诗钞》，敦诚著有《四松堂集》，后来都成为研究曹雪芹生平的重要史料。周汝昌之兄周祜昌，早年见到东亚图书馆排印本《红楼梦》，胡适在序言中提及敦诚的《四松堂集》，并言未曾见到敦敏的《懋斋诗钞》。周祜昌就致信周汝昌留意，不料这部令胡适遍索不得的秘籍，被周汝昌在燕大图书馆一索即得。诗集中涉及曹雪芹的诗有六首。看到《懋斋诗钞》后，周汝昌将此事告知兄长，并写了一篇文章，名为《曹雪芹生卒年之新推定——懋斋诗钞中之曹雪芹》，经其老师顾随的推荐，发表在1947年12月5日《天津民国日报》的《图书》副刊上，当时主持该副刊的是赵万里。文章发表后，胡适看到并主动给周汝昌写信，对其进行鼓励。此举使周汝昌深受鼓舞，并开始了与胡适的往来，萌发撰写一部红学专著的念头。从此，周汝昌走上了一条新的学术之路。

其实胡适当年曾托燕大校长陆志伟就《懋斋诗钞》的藏所请益过邓之诚，邓之诚知道有抄本藏于燕大图书馆，只因不喜胡适，就没告诉他。胡适与《懋斋诗钞》擦肩而过，却成就了周汝昌一生的志业，实在是颇具戏剧性的事情。但是邓之诚显然也没留意到曹雪芹与石虎胡同右翼宗学的关系，所以在他的笔记里，只提到了吴三桂宅邸，并未提及右翼宗学。

应该是在裘文达公致仕回乡之后，乾隆将此宅赐给了定亲王永璜之子绵德（乾隆四十二年封镇国公），后绵德在乾隆四十九年晋为贝子，保存至今的府邸即为清朝贝子府的规制。清朝末年，该府由绵德的后人毓祥继承，因此又被称为“祥公府”。

大清覆亡后，教育总长汤化龙曾短期居此宅，民国二年（1913年）设为蒙藏学校，乌兰夫就是这个学校的学生。后来此宅一部分辟出，改为松坡图书馆二馆（外文分馆）。松坡图书馆本在上海，馆长梁启超力主迁至北京，主馆设在北海快雪堂，后来演化为北图、国图。

从徐志摩的诗作《石虎胡同七号》看，至民初时此宅常日里依然幽静：“雨过的苍茫与满庭荫绿，织成无声幽冥，小蛙独坐在残兰的胸前，听隔院啁鸣，一片化不尽的雨云，倦展在老槐树顶，掠檐前作圆形的舞旋，是蝙蝠，还是蜻蜓”，诗作于1923年，此时的老宅院已为蒙藏学校和松坡图书馆分用。徐志摩从英国归来后经胡适、蒋百里介绍，在此处工作和居住，时任外文部英文秘书，其居所“好春轩”还是当年裘曰修初得此园时所建，著名的“新月沙龙”即诞生于此。也是在这个时期，他与林徽因的浪漫恋情走到了尽头。

康雍以来，对于石虎胡同的居住者大致能看清楚，其中出现突发变故者有三：一为吴额驸府，康熙帝平三藩动吴三桂最费踌躇，最终是突施杀手，先控制了吴额驸府；其二，右翼宗学改赐裘文达公，在校贵族学生或有玩虫者，匆忙迁出，不及带走，有窖藏的可能；其三则在晚清，大清覆亡，王公贵族一片混乱，只能拣细软带走，他物则只好舍弃。

从所埋藏的蛐蛐罐情况看，“古燕赵子玉制”是清后期

图二十：晚清最后一款蟋蟀罐

的产品，既然此宗蛐蛐罐的烧造下限在晚清，结合石虎胡同的宅主流变，可以断定此宗蛐蛐罐当出自毓祥旧藏，掩埋期当在大清退位之时的1912年。《蟋蟀秘要》盛赞甲寅年（1854年）所得佳虫红牙青，战胜祥王府名将黑虎，不知是不是此宅主人。此后，祥公府改为了蒙藏学校，不复有人玩虫矣。

晚清蛐蛐罐中有一款颇有意蕴，正可以称为“晚清最后一款蟋蟀罐”。此罐款识为方形阳文印章，印文纵排四行四列“时辛亥秋月六谦堂长白山伯石主人制”（见图二十）。

辛亥为公元1911年，南方革命党于武汉发难，大清局面竟至于不可收拾，皇帝于次年初退位。辛亥实为大清朝最后一年。

“六谦堂”尝见于乾隆时之瓷器，为堂名款。但此款蟋蟀罐从形制看，与晚清、民国蟋蟀罐相类，故仍当是晚清虫盆。晚清，革命党活动多在南方，大清朝虽是风雨飘摇，但在北方腹地，局势尚保持表面之平稳。南方战事如火如荼之时，北京城市井之中，依然斗蟋如故。黄兴举事成功，各地竞相影从，推波助澜，遂大江东去，水到渠成。北方有些省份于大变局之际，不过是旧官员用竹竿挑落几片屋瓦，以示革命必得破坏，帝制就此终结，真是“于无声处听惊雷”。其实深究起来，帝制之消亡，与西风东渐大有干系，只是身在其中之人当日尚不能自知。

至今仍流传带“光绪己亥”帮戳之“始平耀亭氏制”蟋蟀罐。光绪己亥，即公元1899年，山东义和团正风起云涌，将自家之长期积弱迁怒于铁路、教堂，又相信凭刀枪不入之功夫，必能灭洋人于一役，经山东巡抚袁世凯弹压，遂转走直隶。一年后之庚子，八国联军攻下北京城。复一年，《辛丑条约》签订，赔款总额关银四亿五千万两，合当时大清子民每人分摊一两。此庚子距鸦片战争之庚子一个花甲。

说起这些，并非要指斥中国之衰落要由玩虫者负责，他们实不具备如此资格，社会积弱之长期问题，未可迁怒于区区小虫。实则文明范式遭遇大挑战，亦非当政者所能独当，文化、社会框架、价值观、生活方式等俱受挤压变形。但百足之虫死而不僵，当时社会之细枝末节，反映的仍是时局促变之下而难以骤变的生活方式和思维方式。觉悟见识以及世道常情，仍当于生活细节考量。

黄仁宇批评传统史家，过于以道德的眼光评判历史事件，而不能以历史之纵深看清制度与技术层面的实质，实切中要害之言。空言道德，而缺乏对事物之客观认知，是传统文化之大弊，及至社会动员又缺乏组织结构的支持和能力，社会上下阶层之间，各行其是，形同散沙，蛐蛐罐亦可为之一证。

法国年鉴学派认为政治史、战争史固然重要，但仍不是历史之全貌，有些深层的历史动因尚需日常生活之细节才能展现，所以尤重于治社会生活史。举凡衣着、食物、物价，皆为史料。

器物之有纪年款，具有特殊价值。小处说是从器物学本身着眼，提供了标准器或典型器，后人可有所参照；大处看，器物本身之细节，无意间流露出当时社会的意识、观念和生活状态。其实，包括确定无疑的空白期亦与纪年款一样，具有同样功效，比如1949—1976年蟋蟀罐的停烧，亦反映出当时社会空前的控制和约束，已与以前大不相同。

文物之所以有价值，就是因为它可以折射出我们以往的生活形态、价值取向，以避免对前世的失忆。这些散落于各个角落的细节和记忆，拼合起来，大约可以看出我们曾经的相貌和性情。

器物之诉说，宁静似水，潜藏暗流。比如这只蛐蛐罐，其纪年不用宣统年号，只用以干支，颇不同寻常。是否此时的大清子民业已感到大清朝气数已尽？长白山正是大清龙脉所在之地。

及至1926年，又有"耀奎士荣氏制"虫盆行世，工手、形制与"光绪己亥"如出一辙。十年前，袁世凯复辟帝制不果，改朝换代已成正朔，或风雨如晦，或朝气蓬勃，人们的生活信念、习俗依然如故。是顽固，还是顽强？抑或兼而有之？

蟋蟀生于荒山大野，鸣于《诗经》、宋词，爱者代代有之。有极爱者，必列蟋蟀于琴棋书画等文化序列，或以为必得如此，方显高雅。实则生活方式就是最本质的文化，好也罢，坏也罢，或太平盛世，或改朝换代，斗蟋风习大俗大雅，生生不息，岁岁如是，所谓“野火烧不尽”“芳草年年发”。而蟋蟀罐恰如年轮，斗转星移，如实记之，不待史笔。

2. 南方蟋蟀器物

南方的蟋蟀盆烧造较早，能追溯到南宋、清代，烧造名家辈出，但大多沿袭旧制，唯于其他相关器物上有所创新。

《虹孙鉴》“盆栅各式”一章曾叙及清初从康熙到乾隆时期器物的发展：“栅制亦各随时地而互有不同。初用绝大蛩盆，名曰斗盆。继用圆栅，以纸为之，如帽笼式，而上无遮盖。每致交口，有跳出栅外者，且其内广阔，猝难凑头，此未尽善之式也。后改为长栅，亦曰方栅，如书本样而稍狭，高寸余，上作盖两扇，以竹丝或铜丝作直楞，名曰观笼。盖两头俱用闸以启闭，中亦用闸，名千斤闸。俟两蛩奋武，方启中闸莸斗。总称之为栅船。以盖上直楞，中高旁下，似圈篷船式，故名栅船也。至上江之栅，与下江者稍阔而短，楞亦用竹，但下江之楞纵而高，上江之楞横而平，故用莸亦稍异。至秋尽冬初，天气严肃，非借温暖之气，难冀其英雄如昨。则用锡镶栅，于中以温汤而暖之，使栅内常如春温，方能展其伎俩，是谓锡栅船。愚意其形长方，有类乎砖，当名为锡栅砖，然直名锡暖栅为宜。今虽酣乎垄断者，亦未辨此矣……近来制造粗恶，鲜有当意，俗尚京盆一式，工料粗恶者仅足供稚子拦街斗戏而已。松梦斋一式，制作精美，稍觉太高，余家西府甘蔗段式，用澄泥烧造，大小高下，酌适其中。赏鉴家争购欲狂，惜不多得。后有同志者仿而效之，庶几不泥，此韵事云。”

此文大致上反映了南方斗栅的发展和演化，而且从此文文意看，似乎此时南方玩家尚未听说北方赵子玉蛐蛐罐的情况。

南方的蟋蟀盆烧造，以苏州之陆墓最为繁盛。有清一代有名有姓的制盆工匠就有不少。这和北方的情形有些不同，北方后世制罐者常常以赵子玉之各种寄托款为主，当时也未必就是刻意作伪，多是出于崇尚而署其款，再加以帮戳或暗记以彰自己的名号。但南盆却基本没有这种做法，都是正大光明打自己的款，这大约与南方市场经济较为发达，较早具备了品牌意识有关；也因为南方源流较早，制盆名家纷呈，各领风骚，不像北方早期一家独秀而笼罩了后世。

《蟋蟀盆》一书研究整理出了有清一代陆墓的制盆家，有些是由明入清的，后期的一些名家是由清入民国的，但其制器之初却也仍算得清代人物。照录于下：

晚明至清早期：

于玉章、于成章、于九皋、于有亮、于庭侯、王孙监、李公亮、李洪亮、李圣侯、李德茂、李东皋、李东旭、李圣明、邹宏发、邹振宗、邹显文、邹显明、邹元隆。

清中（前）期：这是一个名家辈出的时代，李南山、李东明、邹维新都是这个时代的代表人物，他们的盆被后代养家竞相寻求，并认为是最适宜蓄养秋虫的。这个时期，盆的款式开始丰富起来，制作极其精良。传统纹样和绘画以线刻的方式出现在盆身上，对后代的制盆人影响甚大。

这时期的制盆家有：

王南林、李东明、李南山、李秀芳、李焕章、陈尚荣、邹维新、邹东帆、邹云亭、杨彭年、袁庭爵。

“世寿堂”款定烧盆为李东明所制。

清中（后）期：以仿古为主，是蟋蟀盆制作集大成的时代，其中邹东帆、李秀芳、李焕章最为著名，他们所制作的盆具有典型的清代盆的特征。制家对姓名款式比较重视，堂名或斋名的款识多见，制作上精益求精，形式多样。店铺、养家的定烧盆渐渐增多，促使盆式风格和样式越来越丰富。

制盆家有：

王锦荣、李锦堂、李锦山、李瑞森、李瑞荣、李正新、李云山、邹桂兴、邹顺兴、袁恒盛、袁鸿石、袁陶山、杨焕章、殷叙兴、殷聚兴、沈纪堂。

尚有邹云亭、孙桂生合款，另有“必”字款，亦为此时期李姓或邹姓作品。另有“松翠馆主”为此时期的养家斋名款。“留耕堂邹”是邹家的堂名款，李大翀《蟋蟀谱》曾提及“留耕堂仿古各式”，就是指此类。

晚清：和明代盆比较，清代的制家使用了较多传统绘画题材和装饰纹样，文字、诗文作为装饰是这一时期的风尚，这时，蟋蟀盆产量很大，留存至今的也较多。出于对前辈制家的推崇，常将自己的名款和所尊敬的制家名款并列，这种方式一直延续到新民五社的制盆。

制盆家有：

王永芳、王义兴、王云樵、王通和、朱协兴、朱公兴、许天顺、许元顺、许永顺、许瑞兴、许明发、袁万兴、陈顺兴、陈福宝、鲍茂生、曹元泰。

晚清至民国：

大号盆少见，以制作二三号盆为主，装饰纹样和书法的运用，已是当时制盆的风尚，定烧盆互赠虫友，是养家的一件雅事，定烧盆又大多仿古，所以这个时期，寄托款多，仿品也多。

制盆家有：

王光盛、朱松亭、李万记、李介福、沈鸿兴、沈源兴、杨鸿兴、杨聚兴、杨义兴、杨同兴、潘全记、潘顺兴。

但究竟在什么意义上，如何界定清中（前）期与清中（后）期，书中却没有说明。

另外《蟋蟀盆》一书所著录清代遗物中尚有方形陶制器具，上有圆形盖子，其一侧有开口，配有闸可以提拉，下部所留洞口与过笼口吻合，是为了过虫方便。有单个者，亦有两联合一者。书中称之为“册”，并云是“为外出携带方便所制的器物，也可以用于收虫或者出斗……此物件清代始用，一直至晚清仍有人定”。

余生活于北方，对南方器物虽是神往，却接触不多，不知此类器物是否来源于“比匣”，甚至就是“比匣”。前文提及蟋蟀赛斗以分量合对是乾隆后期的发明，但也并非事必如此，现在的许多地方和场合也仍保留着瞄对的习俗。北方器物中可以见到专门设计的高腔瞄罐，其物腔体较深，口小底大，目的就在于造成视觉上的误差，使得蟋蟀在里面看上去较小，是为不公之举，有作弊嫌疑，至少也是有试图占便宜的目的。南方器物中这类两联册，其实作为比匣，非常适合，两虫相隔较近，容器尺度一致，是为至公。但近年也曾从上海唐裕龙先生处见过圆形四联的这类器物，中间以十字划开，可同时纳入四虫而无碍，则似与比匣无关，只是携带方便而已。

余于南盆所知较少，以上资料只能照录，留待以后有机会查证并求教于高明博雅之士。

第八章
民国以来斗蟋习俗的演变

一　北方的斗虫情况

北方地区形成普遍的斗蟋风气并达到一定的水准，是在民国时期，虽然就规模和普遍性而言，仍然难以和南方地区匹敌，但是玩虫水准却大致可以并驾齐驱了。我们可以通过蟋蟀谱的刊布情况看出这一趋势。

蟋蟀谱是玩家对玩斗蟋蟀经验的总结，这需要一个习俗养成并普及的时间过程，使玩家得以有机会从容地观察和总结，同时也有赖于积数代之经验和传承，催生出杰出人物，故而总是要晚于习俗兴起一段时间。

北方玩虫约始于明末，在北方城市中尚属于“孤独的爱好”，尚缺乏腹地的支持。北方出现以北地为视角的蟋蟀谱，所谓“北谱”最早始于康熙晚期，这时距明末北京玩虫风气的流布大致有百年的时间沉淀，所玩蟋蟀的产地范围主要还是在京畿一带。到清中期以后，尤其是天津开埠以后，北方玩虫的范围才逐步扩展。清代的蟋蟀谱从总体上看，南谱多于北谱。从王世襄《蟋蟀谱集成》蕤集的情况看，清代谱九部，其中北谱仅得其三。从原创性上分析，北谱中的两部——梦桂《蟋蟀谱》、拙园老人《虫鱼雅集》是出自原创；南谱中秦子惠《功虫录》《王孙经补遗》是出自原创，而《虹孙鉴》兼具传承与部分创新。

及至晚清，北谱中开始出现济南、肥城、乐陵等产地的蟋蟀，北方赏玩蟋蟀的城市也扩展到了天津、保定、济南等地。同时对产地的认识也有了较大的拓展，进入民国以后，京津两地玩家则普遍地推崇山东虫。

从目前已知的民国时期蟋蟀谱的刊布情况看：

南谱合计三部。

上海地区两部：上海蟋蟀研究会《蟋蟀谱》和严步云《蟋蟀谱》；

南方其他地区一部：胡耀祖《蟋蟀实验录》。

北谱则合计四部。

北京两部：于非闇《都门蟋蟀记》和恩溥臣《斗蟋随笔》；

天津一部：李大翀《蟋蟀谱》；

济南一部：曹家骏《秋虫志异》。

但恩溥臣《斗蟋随笔》是抄本，不能完全以出版物视之。即便如此，亦可看出北方著谱首次持平南方。又细察，李大翀《蟋蟀谱》虽为北人著，谱系却是沿袭自南方谱系；曹家骏虽著为北谱，却是南方人。故而南北之间大致均衡。

就原创性而言，北谱四部中，有三部出自原创，南谱中只有胡耀祖《蟋蟀实验录》出自原创，但水准却不高，其内容基本不可采。王世襄先生也说："绍堂选虫谓古谱论色相乃'拘泥之见'，而以看斗口为依据，于此可知其鉴别能力不强。每年斗虫至秋末而结局，于此可知其喂养功夫不精。如上所述，《蟋蟀试验录》本只堪归入《存目》，惟因其多奇谈怪论，反将其收入本编。俾知有此只能导致失败之经验录而不为其所误也。"

北方谱原创性较高，其实这个趋势从清代以来就已出现，主要原因还是在于南方斗蟋源流较早，基本面的内容大致成形，原创的空间收窄，只有像秦子惠这类大家才有创新的可能。而北方的气候条件、土壤特点皆不同于南方，天时、地理因素的变化，导致北方的出虫特点、鉴别要点、豢养方式都需要有新的认识，而难以全盘照搬南谱，故而提供的创新空间较为充足，因而具备原创性特点的蟋蟀谱比例就大。

通过对斗蟋史的梳理，我们可以看到斗蟋活动的传播和流布有两个趋势：一个是由南向北流布，渐及北方各地；再一个是从经济发达或作为政治中心的大城市，抑或历史积淀较厚的城市向其他城市流布，然后渐及城镇和乡村。这与民间的许多想象很不一样，有些人以今日的观感，以为蟋蟀在城市中少见，而农村遍地都是，应当是农民率先发现并发明了咬斗蟋蟀的游戏，实则不然。

蟋蟀各处都有，不要说远至宋元明清，就是数十年前，城市里的大小院落、墙角、夹道、公园，市郊一带，蟋蟀也遍地都是。在我小时候，20世纪60年代末至70年代，逮蛐蛐就不必出市区。

赏玩蟋蟀是一项具有特定文化趣味和内涵的娱乐活动。其实世界各国产蟋蟀的肯定不少，但是唯有中国有玩斗蟋蟀的习俗，从宏观上看，这是一种文化现象，需要文化的涵养和统领。所以不是农村包围城市，而是由城市流布乡村。赏玩蟋蟀与蟋蟀产地是两个概念，并不是一回事，不能混为一谈。

山东作为蟋蟀产地受重视是从晚清开始的，及至民国，在北京斗场上，山东虫几乎独占鳌头，恩溥臣《斗蟋随笔》著录了光绪二十一年至民国二十九年（1895—1940年）期间，他个人所豢养的京城斗场上的将军虫21条，所著录的第一条为光绪二十一年的乐陵虫，此时尚是晚清。其第二条则为丁巳年，即1917年，中间隔了十八年，已是民国七年的事了。以产地统计，其中宁阳虫8条，乐陵、济南、长清虫各2条，山东虫（未注明具体产地)3条，合计17条，占总数的81%；京畿附近的虫仅4条。《斗蟋随笔》所记虽属恩溥臣个人斗虫的记录，但也相当于一份抽样调查报告，大约可以反映出那一时期鲁虫所表现出的强悍。就养家而言，四十多年间有二十多条战至虫王级别或终生不败，亦属不易。

鲁虫自面世京城以来，以战力极强而备受追捧。以《斗蟋随笔》之第二条“济南黄大牙”为例，是恩溥臣于隆福寺购自虫贩“四面陈”：“此虫……局中呼为清口虫王。初斗时，有南城斋字等购得刘海亭上好勇虫玉牙青一头，伊虫身背雄厚，遍体黑毛，交锋时一挞便赢。是日与黄大牙角斗，在场诸人以为必有一场恶战，及至交锋，竟不能敌，勉强支持，即被咬折一牙而惊窜矣。”两虫相战，竟能一口将牙咬折，其牙力之大，牙质之坚，委实惊人，《斗蟋随笔》中不乏类似的记述。

其实山东蟋蟀产区并不仅有这几个，光绪刊本拙园老人之《虫鱼雅集》已提及肥城；另有几个产地，如兖州、曲阜可能也已开始有捕捉，究其原因在于火车兴起所提供的交通便利。1912年津浦铁路全线通车，途经吴桥（桑园）、德州、济南、泰安、磁阳（兖州）、徐州，一路向南而去，直抵浦口。当时津浦铁路全线设站85个，其中山东境内站点31个，可以说纵贯山东产虫带。

王世襄先生《秋虫六忆》曾提及，民国初期京城虫坛有“前秋不斗山、爽、义，后秋不斗叨、力”的说法，说的是特别难斗的几个蛩家，还特别提及“九爷家住济南，每年都往北京送山蛐蛐。他们最多养到十几桌，将近三百头”，故“叨”字号的虫，后秋尤其难斗。叨字指的就是陶家三兄弟陶七、陶八、陶九，俱玩虫，并得大名。陶七爷乃陶仲良，上局报字“叨”字。陶九爷指的是陶仲杰。陶家祖籍绍兴，其祖父一代已为京城营造商，按今天的说法也就是地产商。陶九爷客居济南也是事出有因，陶家的五姐嫁了孔府的掌门人孔令贻，随之去了曲阜。1919年，陶家老太爷得病，孔令贻去京城探望岳父，不料却突发急病，死在了北京。孔令贻无嗣，陶家小姐嫁入孔门已是三十来岁，一直也未能生育，其陪嫁丫头却怀了孔家的孩子，升格为妾，但孩子是男是女尚未知。孔家的接班人在当时是个大问题，乃至会惊动中枢。孔府又是受政府拨款襄助的大宅门，被尊为天下第一大世家，旁支又多，情形复杂。因事发突然，一切全无征兆，陶九爷是五姐请去帮持，回曲阜掌控财权、办理后事的。在孔府的这段特殊时期，陶仲杰大约主持过一段家族事务，但曲阜孔氏乃是大家族，族规甚严，其中枢很难容外姓人介入，陶仲杰待的时间不长就离开了孔府，但也没回京城，而是落在了济南。济南的老省博，当初是世界红卍字会总部，此建筑群自南新街南头开始，向北绵延，接近半条街，营造规制极高，逾于王府，是专门请了京城的营造商建造的，砖瓦、石料等建筑材料亦取自京城，营造商中就有陶九爷。此工程绵延一二十年，在日本侵占济南前此工程主体已完成，中间受战乱阻隔，直至抗战胜利才告竣工，据说营造商赔银无数，但是工程却一丝不苟，堪称经典。陶九爷长期客居济南，大约和这个工程有关。

陶九爷因此得地利之便，使山东虫得以成批量地进入北京陶家，估计其中不乏曲阜、兖州虫，北京有几家客栈，每到秋时，以专卖兖州蛐蛐而著称，可知兖州虫也已进入北京市场。

客居济南的外地蛩家，也提升了济南的斗蟋水平，促进了斗蟋活动的开展。1925年客居济南的仪征人曹家骏出版《秋虫志异》，此为山东地方谱之肇始，但撰谱者依然是承载了数百年传统的南方人。此谱以济南为核心撰写，对四邻八乡所出名虫皆有记述，亦提及山东数县的出虫情况，有些县，比如阳信，倘非曹家骏提及，今日恐已无人知晓当初还曾经有人斗虫。但曹家骏显然也不是济南城最早玩虫之人，其《秋虫志异》"铁弹子"条中言及："识者谓铁弹子云"，可知有见识和经验超乎其上者。

山东虫在南方地区崭露头角是在20世纪30年代初，济南刘冠三参加南京"重阳旗"蟋蟀大赛，杀破重围，闯入决赛。据南方玩家著文回忆："北方玩虫大家刘先生有一条真青白牙，据讲在当地没有一条蛐蛐能进入此虫的牙门，碰牙即走可称无敌。南方金子号一条黑紫红麻，长得紧皮紧骨，一对红牙无虫可挡，在场上极少有两王相斗，黑紫红麻先发一口如千斤重，真青白牙嘴里还夹，一个分交口，两虫双木，真青白牙莰草有牙，但未能上前碰面，黑紫红麻莰牙无情，仅以半口之差落败，一面'重阳旗'花落北方。"柏良先生曾见过此"重阳旗"，白银质地，尺寸不大，外有玻璃盒，毁于"文革"。刘冠三一战扬名，南方蛩家也开始了解和重视北方蟋蟀。可惜数年后抗日战争全面爆发，民不聊生，南北蟋蟀交流中断。及至曹家骏《秋虫志异》出版七十余年之后的1997年，刘冠三的弟子柏良先生写作并出版了《秋战韬略》，才算有了山东本地人写的蟋蟀谱，亦可见文化积累以及传承之不易。

当时交通毕竟不似今日便利，30年代是否有南方蛩家来山东收虫，情况不明。在当时，山东虫的影响依然对北方地区尤其是北平、天津影响较大。

天津人至今仍津津乐道孟养轩单枪匹马独斗天津城的故事。孟养轩是章丘人士，章丘是济南治下的区县，旧军孟家之"祥字号"自晚清以来在京津商界崭露头角，孟洛川的"瑞蚨祥"绸缎庄在北京风生水起。孟氏家族在济南的生意和房产也很多，也算商业巨头。1929年民国政府迁都南京后，北平失去了政治中心的地位，生意渐落，天津分号却日渐兴盛。“瑞蚨祥”是孟氏矜恕堂的生意，孟养轩则为“进修堂”，孟洛川算是孟养轩的族叔，大孟养轩四十岁。两家虽是同族，但是生意上却也各不相让。孟养轩主持的“谦祥益”，生意开到了汉口，在天津亦与“瑞蚨祥”不相上下，一度还略胜一筹。孟养轩某年曾得一好虫，挑战全天津，邀斗一千大洋，这在当时是笔巨款，足够买一座小洋楼；以购买力计，大约相当于今日之百万元，甚至还多。全天津蛩家合力应战，选虫、凑钱，赢下了这场赛事。全天津蛩家皆喜气洋洋，孟养轩虽然输了，但其豪气大度，一诺千金，却也赢得了天津人的尊敬。至于这场豪赌究竟是不是孟养轩策划的一次商业宣传活动，今已不得而知，但是山东虫却已深入人心。

国民政府迁都后，北平虽不再是政治中心，但却依然是北方最重要的文化中心。民国以来，北平玩虫的名家很多，但与清代相比，受推崇者之人员构成发生了明显的变化。清代时备受推崇和关注的皇族、官员，随着大清的覆亡已风光不再，取而代之的是梨园行名角、金融家、商人以及其他行业人士，终归是民间化的倾向日趋明显。

唱老生的谭鑫培、余叔岩都玩蛐蛐，余叔岩还曾摆下蟋蟀擂台，有一人独挑京城的豪举；唱青衣的名伶吴彩霞则以报号“力”字，位列“后秋不斗”之序列，名满京城虫坛。其他的梨园人物如京剧世家子弟茹锡九、许姬传的二舅许莹甫、说相声的王常友都有玩蛐蛐的嗜好，孟小冬的父执中也有玩虫的。

文化界人士有画家于非闇。于非闇时任北京《晨报》记者、美编，曾于《晨报》连载《都门钓鱼记》《都门艺兰记》《都门豢鸽记》，自1928年1月31日至5月31日连载《都门蟋蟀记》十七篇，因《晨报》停刊而未能全部刊载。于非闇当初的设想拟写作“形性第一”“种类第二”“蓄养第三”“排斗第四”，然仅及刊载前两篇，距其全部内容仅得一半，殊为可惜，但从其刊出部分看确实是玩家。其“弁言”中亦提及，晚清光宣之际，于谭鑫培家，“时杨氏小楼、姚氏佩秋昆仲咸在座，金风送爽暑气已消，客出蟋蟀数盎，互相角逐”，可知在座三人皆有秋虫之癖。于非闇也因此开始学习秋虫之道。其所读虫谱，提及“《促织经》和《蟋蟀谱》，及清初六厂居士聚珍主人所为蟋蟀诸说”，《促织经》应为周履靖本，《蟋蟀谱》不能确知是何版本，所谓“清初六厂居士”则为金文锦《四生谱·促织经》，因此谱较之传统经谱偏离已较大，故于非闇之文于定色命名上实无可取之处。但其“产地”一节，不谈大产区，而是着眼于产虫地的小地形及蟋蟀具体栖息环境，也算有独到的心得。

玩家中的大商人则诸如同仁堂乐家、京城营造商陶家等家族的人。据说葫芦款赵子玉即为同仁堂乐家所定制。另有名医李桐华亦得大名，王世襄评价说：“桐华一生无他好，唯爱蟋蟀入骨髓”，每年秋季，桐华必辞却三月一期三千大洋的酬金，回京养蛐蛐。李桐华拜南帅为师，学习蟋蟀技艺的故事经王世襄先生《秋虫六忆》着墨，已广为人知。

据北京琉璃厂学徒出身的陈重远先生回忆，收藏家中也有爱好斗虫并专门收集蟋蟀用具、蝈蝈葫芦等器物者，以桂月汀、郑瑞生收藏最多。郑瑞生是中南银行总经理，金融界知名人士。因喜爱古董，亦参股天和斋古玩铺。桂月汀是旗人，一生没功名，是位白丁，各个时期都没做过官，也没特殊技能，可是他一辈子始终没掉价儿，出门有自用的汽车或包月人力车，家里有仆人。桂月汀年幼时就聪明，被当时内阁学士宝菽宏看中，把女儿许配给他，婚后住在了东四九条宝二爷家的西跨院。辛亥革命后，他致力于研究中国历代名窑瓷器，成为北京有名的古玩鉴赏家、收藏家。买古玩者请他代购，卖古玩者请他鉴定，他从不说假话，对不懂的事也不装懂，人们尊称他为“桂三爷”。桂月汀与名伶王瑶卿同龄，亦是一生的好友。桂月汀人好，入民国后，许多在京的旗人落魄了，委托桂月汀卖件古玩维持生活，一般古玩商都借机压价，桂月汀绝不这么办，几十块钱就能到手的东西，他要花千八百块钱。他说：“人家没辙了，我再去坑他，良心过不去。”到了晚年自己经济困难时也还是这样，1949年，他也败落了，当时家住无量胡同的一位徐老夫人，其夫早年做过曹锟时期的国务总理，这会儿病了，没钱治病，想卖件古董，徐老夫人与桂月汀的女儿相识，拿了一件宋代的哥窑洗子，桂月汀一看是件好东西，虽然当时已经没人再收藏古董了，自己手里也没多少钱，还是找朋友凑了三千块钱，给徐老太太送去，救了人家的急。徐老太太临终时还念叨，桂三爷是位忠厚好人。这件哥窑洗子，桂月汀后来转让给了上海的大藏家，也是蟋蟀大玩家谭敬。

从清末开始，挑了担子往北京送虫已有长摊，集中在隆福寺、蛐蛐街等地。王世襄《秋虫六忆》“忆买”一节有相关记述。北京人的回忆文章中这类记述也较多：蛐蛐市场，除了庙会、集市外，在北新桥、东四牌楼、天桥等处都有集散地。外地专门到北京贩蛐蛐的，如山东等地的蛐蛐贩子则大多住在宣武门外的蛐蛐店里。校场口六条（在宣武门南）有两家蛐蛐店，是山东兖州人集中卖蛐蛐的地方，所售佳品每只可卖银洋数元。在江西会馆北侧，有一家大车店，平时供车马住宿，但秋天一到，就变成蛐蛐店了。里面不仅有专门盛蛐蛐的笼子，店主还可每天给蛐蛐喂食。所售蛐蛐价格不等，一般平民或儿童花几文钱便可买一只一般的蛐蛐，而那些坐着小汽车和洋车来买蛐蛐的富户大款，为了争买佳品，却是一掷千金。

民国时期天津玩家众多，水平也高，传有八大家之说，都是大养家。

晚清时庆亲王载振晚年在天津寓居二十几年。辛亥革命后，奕劻携家眷避居天津，一家人分别住在德租界和英租界。因杨翠喜案发生在天津，触景生情，所以载振并不喜欢天津，他一度躲到上海，但作为王府长子，又无法抛家舍业，只好回来。1917年奕劻病故，经黎元洪特准，载振袭庆亲王爵，与两个弟弟载攘、载抡共同继承了奕劻的巨额财富。1925年，溥仪被赶出皇宫后，载振觉得在北京确实待不下去了，天津有租界，相对要安全很多，于是他带着家人到了天津。这二十几年里他基本上足不出户，晚睡晚起，只关心一日三餐，花鸟鱼虫，载振与那桐有同好，特别喜欢养蛐蛐和蝈蝈。因为载振这类遗老遗少的介入，天津本来已有的玩虫习俗也就更讲究了。载振蛐蛐罐的情况不甚清楚，但蝈蝈葫芦有上千柄，据说都是象牙盖子或蒙芯。

1931年李大翀《蟋蟀谱》委托北平琉璃厂石印成书，但总销售处却设在天津，并有分销处两所，分设法租界和日租界，这就很说明问题，盖因商品总要寻着市场走，出版人显然认为天津的市场大于北平市场。

李大翀，祖籍奉天义州，今日则为辽宁义县。具体生卒年不详，大约生于20世纪初，为仕宦书香世家子弟，其曾祖为道光进士，祖父李葆恂曾为张之洞幕僚，执总文案席。辛亥后，避居天津，曾参与《清史稿》编纂。其父李放为李葆恂次子，著述颇多。李大翀随祖、父避居天津，后又曾于北平居住，亦长于文史、书画，津门南城诗社的主要组织者赵幼梅、陈诵洛都曾有诗题赠李大翀。李大翀编纂《蟋蟀谱》时，大约三十余岁，历时两年，实为近代集大成者，卷帙浩繁，但问题是其内容多是集自明清古谱，亦有按照自己的理解所做出的一些改动。从传播学的角度看，成就斐然，很多老玩家少时读到的就是这个谱。此谱亦蕤集了一些近代资料，其中产地一节见于其《蟋蟀谱》卷四“产蟋蟀地志”：

各地所产虫之将军名色不一，兹略举一二，以备观览，后之博物者，如能增而详之，幸甚，幸甚。

杭州：砂黄墨牙　白砂青　铁色红钳　红钳蜜背　真乌青

嘉兴：白牙青

湖州：虾青　白虾青最良

海宁：哑紫　黑青

嘉善：墨黄　血牙青

平湖：白青

绍兴：黄麻头　白青

余杭：金青

昌化：墨牙青麻头　紫尖头

富阳：真红（即赤牙红）

德州：墨牙黄

德清：墨牙黄　大青

宁阳：大青　黑牙青麻头　琥珀青　铁头青背　淡墨青　黑头金翅

苏州：黄大头　墨牙青　粉青玉牙　紫头金翅　淡青

洞庭：墨牙黄

吴江：重色紫黄

桐庐：白尖翅　铜头铁背　蟹青

昆山：白

无锡：青大头

金山：琥珀青　白阔翅　白牙青

江阴：白青

毗陵：黑紫　黑青

宜兴：砂青

吴淞：黄砂紫　淡墨青

扬州：白头青背　油黄　淡青　麦牙青　紫金翅

保定：竹节须青头星头　真赤爪花三叉

　　　大紫牙青　铁头青背　淡墨青

安徽：淡白墨牙　白黄墨牙　点子

　　　真黄（产新安）

铜头点子（产新安，即月额。色黄者真，月额是将中之枭将，白色次之，又名星头）

黄山：黄大头

南京：墨黄　楚黄　麻头紫

西新：红斑青（即红孩儿）

……

看得出，这部分内容基本来源于《虹孙鉴》，但有所增益，所增部分篇幅过半，尤其增加了山东德州、宁阳和河北保定等北方产区，但总体上依然是详于南而略于北。

此书当时售价大洋一元八角。1932年，“一·二八事变”时，商务印书馆为日军炮火所毁，在复建过程中，曾印制发行《词源》，视开本不同定价大洋一元、一元五角，以之为参照，《蟋蟀谱》价格不菲。

李大翀虽居平津，但虫谱内容却属南谱谱系。石孙李大翀先生得享高寿，1984年出版的《文史资料选辑》和1986年版的《天津文史资料选辑》上都曾刊有石孙先生发表的文章，想来至少在80年代初期先生依然健在，应当是八十岁左右的老人了。余询问天津老一代玩家，却无人识得，也许不住在天津了。

二　北方的蟋蟀器物

随着大清朝的覆亡，北方蟋蟀罐的烧造中心转移至天津。天津早期虫盆，是大户定烧，比如“觯斋主人”为袁世凯之督窑官郭世五所定制；“自娱斋”为清宫太监小德张定制，清廷覆亡后，小德张离京避居天津。小德张在清宫时得罪满清大臣不少，至天津后很少抛头露面，大多数时候不出户。

晚清时，二和、大关都曾被请到天津烧罐，不过多属于大户定烧，并非走市场的商品，这却带动了天津的制罐业。加之民初以来，清宫贵族、下野政客、军阀避居天津租界的不少，大量财富汇聚天津，天津已成繁盛地。

天津本土人开始烧造蟋蟀罐当始于史老启，大约民国初期。老启专仿名款，举凡历代名款几乎无所不为，诸如“卷石山房”“竹庐居士朱万甫”“二十四鸳鸯馆”“吟秋居士”“西明公记”“淡园主人”“古燕赵子玉”（俗称“倒眉戳”）等，不胜枚举。唯“朔亭主人”为此前所未见，似乎为大户定烧产品。今日常见之“大清乾隆年制”从形制特点看显然属津路罐而非京路风格，应当是老启的作品。老启大约于日伪时期的1940年停止烧造虫盆，也算有气节之人。新中国建立之初，老启尚在人世，曾有人于花鸟市见过他，但年事已高，久不烧罐矣。1956年前后，老启辞世，享年70余岁。

史老启产品以一号罐为主流，多见直腔者。壁厚，浆皮亦较厚，故手头较重。其章款较大，多规整、大气，字口深而清晰，颇具书法意蕴。济南玩家独爱老启，其名声播于津门罐家。

后世仿老启产品者，章款经翻模，多已不够清晰，较易辨识。老启尚有“大一号”罐，常见收口马蹄形，口小而腹广。老启产品因量大款多、品质优良，堪称津路罐之代表，流至今日，价亦不菲，京津拍卖会亦时有所见。

稍晚于史老启，胡亚臣亦是好手，其人自署其款“胡亚臣制”四字方章，一款到底，不复更变，可见其自信。其罐各类泥色俱有，直腔、马蹄皆有所见。可惜烧罐时间并不长，胡亚臣被意外地闷死在窑内，算是以身殉道。笔者曾于天津见一红泥“胡亚臣制”，品质极佳，工手、泥质、造型、发色、品相，皆堪称一流，为胡亚臣中极品，天津一老者竟至于呼为“胡亚臣子玉”，可见其工手之精纯。

制罐业形成工业的性质，亦始于天津，史老启停烧后，“曾记陶业工厂”产量很大，已成大规模生产。日伪官员刘世元亦曾定制“顶天立地款”大明宣德罐。所谓“顶天立地款”，是指其章款超大逾于平常，“大明宣德年制”章款之外，饰有双龙或花草纹，其外再加边框，故而章款尺寸较大。另外“亚胜”款，亦是此时产品。

日本投降后，“曾记”改为“新华陶业公司”，继续生产虫盆。有关名称，也有人认为恰恰相反，此公司于日伪时期称“新华陶业公司”，光复后改称“曾记陶业工厂”；这种可能也并非没有，日伪时期很多机构都冠以“新华”字样，济南在日伪时期甚至有一所特务机构就叫作“新华院”。总之这是同一家制罐机构在不同时期使用过的两个名称，其最终于1948年底停烧，其产品至今流传尚多。天津的制罐业至此而中断，此后停顿近三十年。直至“文革”后期之1975年前后，始由宋国柱、郭景升等人用煤球炉烧造配罐、过笼；訾宏远、柴宗仁兄弟、马金山、杨标等亦随后跟进，初时不过用汽油桶而已。“四人帮”倒台后，郭景升始用小窑烧盆，而且是第一个创立独立品牌之人，其“云啸珍玩”至今已成著名品牌，“拉骆驼罐”亦成郭家约定俗成之商标，暗喻“连连上峰”。时至今日，天津制罐业已蔚为大观，居北方制罐业的领军地位，但当代制盆业已非本书范围，恕不详述。

三　南方的蟋蟀活动

从晚清到民国，南方玩虫的区域变化不大，由于历史悠久，对产地的挖掘和开发已基本完成，有变化的是斗蟋中心由南宋之杭州，到明清之苏州，至晚清、民国进而转为上海，这和上海的爆发性成长有关，情形类于天津，和租界的兴起以及上海逐步成为南方金融经济中心有关。清末的《点石斋画报》就曾刊出过上海某蟋蟀俱乐部斗蟋蟀的场景。民国时期的上海几乎每年都要进行蟋蟀大赛，老城隍庙的春风得意楼茶馆、东方饭店，四马路上的青莲阁、兆丰公园据说是最高等级的蟋蟀竞赛场所。

青莲阁原名“华总会茶楼”，名列“上海洋场一景”，是当时各行庄的现货交易中心，大约也是上海滩最早放映电影的地方，象棋国手杨官麟也是在这里设下擂台挑战各地高手。斗蟋活动能在这里举行，也算高规格了。

东方饭店则较为洋派，1932年在这里进行的一次蟋蟀大赛中，上海洪姓人氏与杭州金氏以一座洋楼作赌注，最终杭州金氏获胜。

上海当时大养家能养到千盆以上，家中都有养师。其中谭敬因为后来的传奇经历，蟋蟀玩家们至今依然津津乐道。上海的袁立先生近年撰写过有关谭敬与蟋蟀的故事数篇，亦涉及旧时上海的风俗人物，甚可观。上海的李嘉春先生应该是亲历过民国时期斗虫而今日依然健在的老玩家。

从上海斗蟋活动的后来居上可以看出，蟋蟀习俗之盛衰实则反映着一个地区经济的活跃度以及市民文化的发展状况。民国以来的蟋蟀谱，南谱系列主要有两份，一份是严步云的《蟋蟀谱》，一份是上海蟋蟀研究会的《蟋蟀谱》，两份都诞生在上海，这就很说明问题。

《(秘本）蟋蟀谱》为民国十四年（1925年）世界书局之石印本，是上海蟋蟀研究会编纂。严步云《蟋蟀谱》为民国二十五年（1936年）铅印本，书前之序署为“乾隆岁在甲寅仲冬华亭冯霁云识”，知其亦是录自旧本。

这两份谱对上海地区蛩家影响很大。但问题也在于其沿袭的依然是已走入歧路的清谱，故对后世定色命名产生了较大的干扰。当代蛩家中，虽有李嘉春先生之谱仍能坚持以斗丝色命名的传统正途，但在一般玩家那里，却也众说纷纭，不能一致。

在上海勃兴的同时，传统的玩虫圣地杭州、苏州、无锡、嘉兴、湖州等地也没衰败，依然保持并延续着传统。而且南方赏玩蟋蟀的区域也在扩大，几乎遍及江浙两省，安徽等地也开始加入了进来，甚至广东也开始斗蟋蟀。

广州蟋蟀一年有两季，春末所产称为茶蟋，秋初所产称为麻蟋。蟋蟀赌斗主要还是麻蟋。每年端午过后，大赛场一般设于广州城外某地，选择临河之地，搭建大棚，并在河面建临时木屋，辟为酒楼、烟室、剧院、旅馆、商店。斗蟋之赌场，称为“蟋猎”，有方桌几十张，亦有斗蟋小室数间。赛期一到，火轮、鱼舫齐聚河面，剧场开演，不收门票，任人入观。赌资以六十两银为“一猎”，双方议定赌资，入斗蟋小室，人数双方对等。室外有人把守，角斗结束，始得开门，分头向柜上交款、领款，如赢方所得超过180两，赌场除送花红串炮之外，并赠帅旗一面。得胜者举旗而归。

民国时期南方蟋蟀用具制作量很大，这和经济的长足发展有关。当年老舍写《骆驼祥子》，意在表达底层人民无论多努力，最终也很难摆脱悲苦的命运，这大约是他对老北京的印象。但是我们却可以从陈存仁《银元时代生活史》中看到相反的情形，电影院里托着盘子卖瓜子的孩子，后来创立了“冠生园”；一位老妈妈带着守寡的儿媳，从路边摊起步，后来竟成就了“乔家栅”。这类事例很多，我们可以感受到在较为纯粹的商品经济环境下，人们是如何通过努力而改变了自身的命运。这都与当时上海爆发性的经济成长这个背景有关。

余自幼生于北方，于南盆关注较少，所知不多，难以详述，留待以后的高明博雅之士，方能对南盆的发展成就作出详尽的梳理。仅录《蟋蟀盆》一书中对民国时期的虫盆的简述为结：“民国制盆的时尚，是制作讲究，盆式上模仿明清制盆名家，气息上没有了明清蟋蟀盆所具有的古雅。”

但是民国时期制盆家众多，且多有大户定制，亦有争奇斗艳之盛，且遗留物也较多，至今仍有流通。

另外竺可桢先生对上海的气候有过一些研究，亦可为近代以来上海斗蟋的出将情形提供一些参考，特录之，以备有兴趣的朋友研究参考之用：“根据上海气温的趋势，19世纪最后二十五年气候寒冷，1897年左右冬季温度达到平均值，随后在平均值以上约十四年。约在1910—1928年，温度又逐渐下降到平均值以下。然后升高，1945—1950年超出平均值0.6℃。此后，温度逐渐降低，1960年回到平均值。在这期间，天津的冬季温度趋势，也与上海类似，但顶峰和底点比上海早几年到来，幅度也较大；而香港的曲线波动顶峰和底点则比上海迟滞，幅度也较小。上海八十多年的气候变幅，在0.5℃—1℃上下摆动。这种摆动直接影响植物和动物的生产，间接控制病虫害的发生，还影响了农业操作和农业生产。”

第九章
蟋蟀谱折射出的气候变迁

作为一项普遍的社会活动，斗蟋蟀起于南方，此后渐及北方，及至清末民初，南北之间虽都有玩虫风气，但缺乏交流，更缺乏南北虫之间的对决，原因在于当时的交通不便。虽然在抗战之前，济南刘冠三参加南京“重阳旗”蟋蟀大赛夺冠，但南北之间的交流仍限于个案，并非普遍的情形，亦不见于史料。

南北之间的交流真正兴起要迟至20世纪八九十年代才真正开始。一经碰撞，北虫蟋蟀的硬辣优势显现无疑，南虫全线不敌，而当时恰值城市拓展的发展期，南方蟋蟀产区渐趋衰势，随后大江南北独重北虫，几乎弃南虫于不顾。不过玩虫风气却是从南方兴起的，这让很多人包括今日最佳产区的人很不解，想象出一些故事以作解释，皆不得要领。

从斗蟋史的角度看，今日北虫崛起实与气候的普遍转暖有关，是大自然给了北虫机会。

蟋蟀乃是自然产物，必然受到自然条件的限制和制约，比如柑橘、梅树、荔枝都有其最低温的限制，低于这个下限就不能存活。动物也一样，大象是我们今天在西双版纳才能见到的野生动物，但是河南古称“豫”，汉字是象形文字，豫字最早的意义就是一个人牵着一头大象的意象，可知河南地区古时是曾有大象生活的。古人生猛，传说中舜耕历山，用的就是大象，而历山在今日的济南。这些近乎史前文化的传说和遗留，虽未必是实指，但表明在较早的历史时期，大象是可以生活在黄河流域的。又比如汉字中竹字头的字很多，多是日常器物，而造字是以中原文化为主流的，可知在那个时代竹子在黄河中下游流域曾普遍生长，而在今天，竹子很难在北方一带大面积存活。这一方面说明了古今气候的变迁，另一方面也表明了生物受到自然条件严苛的制约。

《黄帝内经》对气候与生物之关系有过许多表述，形象的理解可以“旱瓜涝枣”为例，地还是那块地，树也还是那棵树，但气候条件的不同，却导致了不同年景下其味道、产量的优劣变化。

古人以五行言事，万物皆在其中。五行以横向展开，代表方位、颜色、声音、形态、气候特点、味道、气味乃至生命体的不同系统等。不同的气候也会给不同的生物带来有利或不利的影响。在生命现象中，北方寒水主骨、主肾、主沉降，蟋蟀打斗以牙搏命，而牙的硬度取决于沉降的效果，而这个效果在自然环境中可以理解为上年冬季的寒冷程度，也可以是蟋蟀若虫期重大节点上与自然气候的某种契合。但是又不能过，太过则为“淫”，就是本来有利的“助”转化为“害”，其实就是一个度的问题。从大的角度说，蟋蟀最佳产虫带一定是在接近气候极限而又不到极限的一个区域，这样才能使得寒能够成为助力而非“害”。这个区域不是固定不变的，而是漂移的，是气候条件做出的自然选择。所以最佳产虫带向北延伸到什么程度，取决于大的气候条件，天寒则南移，天暖则北漂。这其实是今天气候普遍转暖的条件下，南虫从普遍性上斗不过北虫的最主要的原因，并非蟋蟀养家的问题。如果气候在今后一个时期持续地转暖，则最佳产虫带有进一步北移的可能。

但是在这个最佳产虫带里，蟋蟀仍有优劣之分，也仍然受到当年自然气候个性化的影响，使得某些色类得助，而有些色类受制，乃至受害，这决定了当年虫色与斗品之间的关系。内经中以“风、寒、暑、湿、燥、火”为致病的“六淫”，乃是因为人类是较高等的生命体，是以身体内里的平衡为要。外在的气候则划分为厥阴风木、少阴君火、少阳相火、太阴湿土、阳明燥金、太阳寒水，这六气的递转是一年当中一般性的气候变化，但这是基础态，而每年都面临着常态之外的变，是为“客气”。一般简单生物，比如农作物，比如蟋蟀，与人不同，其内部的调节能力不够，所以完全受自然条件的支配，而每一个生命体又都具备着自身的五行属性，故而同气相助，不同气则有相刑、相害、无助无害等不同情况。《黄帝内经》中“五运六气”的理论完整地诠释了这一现象。深究起来，五运六气的理论是基于对日地关系、月地关系，包括与五大行星的位置关系所做出的天文学的总结，虽然古人没有将彗星这类周期较长的回归纳入研究范围，也没有考虑太阳黑子爆发周期对地球气候的影响，但大致上还是能说明一些问题的。当时古人也有以30年为一个基本单位对大气候的转化规律做出过考虑，但似乎有过于刻板之虞，不及以年为单位所做出的研究具备精确性。《虹孙鉴》“逐年将军生化说”与“值年将军说”，其实都是想表达气候变化对生物影响有一定规律这个思路，但却没找准。

我们今天看这个问题，尽管在一年当中，虫色有这些具体的差异，但从大处看，出将色类也有着偏色的趋向，比如偏黑或偏红代表了相反的气候指向。我曾在《解读蟋蟀》一书中将蟋蟀之六色与六气对应，研究蟋蟀的进退得失，厥阴风木对应青，少阴君火对应紫，少阳相火对应红，太阴湿土对应黄，阳明燥金对应白，太阳寒水对应黑。如果从长时段大范围看，则某一个时段玩家对某色类比较偏爱，则说明这个色类的蟋蟀战绩颇佳，可以看出与之相对应的气候类型一定是占相对的多数。

蟋蟀谱由于有其传统，跨越了数百年，所以各个不同时期人们对蟋蟀色类不同的趣味，也折射出了气候的变迁。蟋蟀本就是物候生物，而其善打斗的特殊性，其战力的优劣，实为气候变迁的生动写照。

《蟋蟀谱》在南宋后期出现，元谱虽有，但不获见，我们今日能见到的已是明代谱。明谱中最忠实于宋谱的是《秋虫谱》，前文已具，不再详述。而最先出现偏差的是黑虫部分，见于《鼎新图像虫经》和周履靖之《促织经》，皆为万历刊本。这两个本子与嘉靖本《秋虫谱》似有共同的祖本，最先令我起疑的问题是：何以嘉靖本《秋虫谱》照录宋本，而《鼎新图像虫经》与周履靖《促织经》一定要修改黑虫部分？

再一个则是宣德皇帝为什么要苏州进贡蟋蟀，惹出了诸多事端，以至于让后人写进小说斥为荒政？王世襄小时候就在京畿苏家坨一带逮虫玩，北京本地所出称为“伏地”虫，虽总体上不及山东虫耐战，但蟋蟀还是有得玩的，宣德帝就不能让锦衣卫派人在京郊解决吗？以今日的经验，苏州虫是斗不过河北虫的，宣德帝的做法似乎不合情理。

及至某冬忽然读通了黄帝内经“五运六气”的理论，这才发现，原来所有这一切都和历史上大的气候变迁有关。

中国历史上，气候的冷暖变化起起伏伏，《伤寒论》为什么出现在东汉末年？乃是因为当时正处于气候由暖变寒的骤变时期，寒邪成了流行病的主因，据张仲景《伤寒论》自序云，这次大的疫情起于汉献帝建安元年（196年），其家族二百余人，死亡三分之二，而死于伤寒病的又为十分之七。

为什么温病学产生于晚清？这也和当时的气候变迁有关，熟悉医学史的朋友稍加回想，自会想通历史上重要的医学流派与当时气候变迁的关系。

有关中国古代气候变迁问题，竺可桢先生曾做过初步的研究，比如蟋蟀谱所产生的南宋就是历史上最为寒冷的一个时期，比唐代要低好几度。竺可桢在《中国近五千年来的气候变迁》一文中说：

“12世纪初期，中国气候加剧转寒。公元1111年太湖全部结冰，冰上还可以通车。太湖和洞庭山出了名的柑桔全部被冻死。杭州落雪频繁，而且延到暮春。根据南宋的历史记载，从1131—1260年，每十年降雪平均最迟日期是4月9日，比12世纪以前十年的最晚春雪约推迟一个月。1153—1155年，苏州附近的南运河冬天结冰。公元1170年10月，北京西山遍地皆雪。现在，这种现象是罕见的了。福州是中国东海岸生长荔枝的北限，一千多年来，曾有两次荔枝全部死亡，一次在1110年，另一次在1178年，均在12世纪。

“12世纪刚结束，杭州的冬天又开始回暖。公元1200年、1213年、1216年和1220年，杭州没有冰和雪。这个时候，北京的杏花也是在清明开放，与今日相同。这种温暖气候好像继续到13世纪的后半叶。因为自隋唐在河内、西安和凤翔设立的管理竹园的竹监司，在宋元两代断断续续，直到明朝末年才完全停止。从此，竹子在黄河以北不再作为经济林木而培植了。”

贾似道生于嘉定六年，即竺文中提到的1213年，那一年的冬天杭州没有冰雪。贾似道死于恭宗德祐元年，即公元1275年。竺文中说，“这种温暖气候好像继续到13世纪的后半叶”，可以看到贾似道生活的年代恰是一个较为寒冷的时期当中的相对温暖期，但“从1131—1260年，每十年降雪平均最迟日期是4月9日，比12世纪以前十年的最晚春雪约推迟一个月”，可以知道比今天还是要寒冷很多。可以说，贾似道大半生都生活在比今天要寒冷很多的日子里，当时所总结的蟋蟀品种和相关认知是基于这种气候条件的，所以宋谱中所列黑虫，我们今天在一般产虫区见不到，翅衣黑者常见，但肚黑者、黑肉者极少见，不要说在杭州等地，即便在今日佳虫产区之最北限——山东的宁津乃至河北的保定，都难以见到这类蟋蟀，大约要到内蒙古或辽东半岛才有可能见到符合这类描述的蟋蟀。

宁阳与宁津相差不过两度，宁阳为北纬35.40—35.57度，宁津为北纬37.64度，重色虫的比例，宁津明显多于宁阳；在重色虫中，宁津虫黑背的常见，而宁阳虫则黑背者少见。冬季的寒冷度对生物的影响清晰可见。

元代是一个比较寒冷的时期，竺文中说："公元1309年，无锡一带运河结冰。公元1329年和1353年，太湖结冰数尺，桔树再次被冻死。1351年11月黄河在山东境内就有冰块顺流而下，而近年河南和山东到12月时黄河才出现冰块。当时家燕在北京是4月末来，8月初去，同现在物候记录相比，来得晚，去得早，各有一周。可见，14世纪比13世纪和现时为冷。日本樱花物候也有同样的反映。"

但是元代有可能曾有过一段和缓期，至少有一二十年，乃至三十年的时间，秋冬季节没有那么寒冷，我们从蟋蟀谱中可以隐约看到这个情况的折射。《鼎新图像虫经》较之《重刊订正秋虫谱》有一些不起眼的增补，但在考量气候的变迁语境中，却显得十分扎眼，就是蟋蟀品种中增加了"滑紫三呼"："一呼梨梿採，二呼油纸灯，三呼沿盆子。"在前文中，我们曾依据这个新增点，看出此谱曾经元代染指，就因为"梨梿採"这个音译名称。滑紫是紫虫中的一个品种，至少皮色为明显的紫色，这种虫作为一个品种收录于蟋蟀谱，而且有三种称呼法，可见不是偶发现象，当为具备一定稳定性的蟋蟀品种，而且有一定战绩，不然不会收录到优良品种之中。而这类皮色的蟋蟀需要一段时期的温暖气候为支持，故而可以揣度在元代曾有一个时期，哪怕是较短的时期，气候的寒冷程度没那么强烈，甚至有些温暖，可能表现为寒冷期中的间歇期或寒温起伏期。

竺可桢先生认为,14世纪的这个寒冷期贯穿元代，并延至明代洪武一朝及明代早期。但是从以蟋蟀为视角的史料看，这个“明代早期”有可能延至宣德一朝。宣德一朝为1426—1435年，已是15世纪上半叶，这个时期应当依然是较为寒冷的，估计北方出虫很少或不堪用，不然宣德帝不至于如此劳民伤财从南方进虫。所以这个寒冷期大约涵盖着15世纪前期。

竺文中说：“近人曾经根据665种方志统计了太湖、鄱阳湖、洞庭湖、汉江和淮河的结冰年代（13世纪至20世纪），以及近海平面的热带地区降雪落霜年数（16世纪开始）。从这些材料可以看出，我国温暖冬季是1550—1600年和1720—1830年间；寒冷冬季是在1470—1520年、1620—1720年和1840—1890年间。以世纪来分，则以17世纪最冷,19世纪次之。”

文中提及的13世纪以来的第一个寒冷冬季期是在1470—1520年，是为成化六年，历弘治一朝，终于正德十五年。而嘉靖朝始于两年后的1522年。

《秋虫谱》刊于嘉靖二十五年，即1546年，从寒冷期走出未远，甚至尚未完全结束，故其气候条件与宋谱大致相类。这一时期陆粲的志怪小说《庚巳编》载有和斗蟋蟀有关的故事："吴俗好斗蟋蟀，里人张廷芳为之辄败，至鬻家具以偿，岁岁复然，遂荡其产。而素事元坛神颇虔。一夕，梦神曰：'吾遣黑虎助汝，化身在天妃宫东南皂荚树下。'明日，张往寻之，果得一大黑蟋蟀，斗无不胜，旬日获利，较所丧者加倍。"

陆粲（1494—1551年），字子余，一字浚明，南直隶苏州府长洲人。生于明孝宗弘治七年，卒于世宗嘉靖三十年，年五十八岁。嘉靖五年（1526年）中进士。早入词馆，颇负盛名。据陈大康《明代小说编年史》研究，《庚巳编》当成于正德十六年，即1521年。

《庚巳编》虽为小说，但反映的却是当时的现实，为什么是"黑虎"，而不是"赤头青"？所折射的也依然和气候条件有关，是整体性的寒水较重。且张廷芳乃是屡战屡败，以至于倾家荡产，得梦中神人所授黑虎，再战，估计已不是早中秋，当为后秋或中后秋，当时正是冷虫之佳期，故而虽是小说家言，然亦存道理。《重刊订正秋虫谱》刊于嘉靖，对前谱中黑虫未作任何修改，大致上可以说，这时的气候寒冷情况虽较明初有所缓解，但也并不是十分温暖。

竺文中提及这一时期的温暖冬季是1550—1600年，是为嘉靖二十九年始，历隆庆至万历二十八年。再一个寒冷冬季是在1620—1720年。

1620年为万历四十八年，即万历最后一年。《鼎新图像虫经》和周履靖《促织经》皆刊刻于万历时期，其具体刊刻时间虽不能确定，但必当是在万历二十八年之温暖期结束之前，即1600年之前。周履靖等人可能已很难看到宋谱中所提及的黑肉黑肚之虫，又不能理解这背后的奥秘，故将《秋虫谱》中的乌青等虫移至黑虫门，乃是移花接木、以补空缺之术。这应当是导致蟋蟀谱定色标准漂移的客观原因。同时，周履靖《促织经》较之《秋虫谱》，青虫门、白虫门未予增加，于色品类品种增加了四个，红头、深紫、深黄、狗蝇黄、滑紫共五例，其中和红色有关的占一半以上。看得出万历时期较之南宋晚期和明早期气候更温暖和潮湿。

竺文所指此时期的第二个寒冷期为1620—1720年，是为万历末年历天启、崇祯，再入清历顺治，至康熙五十九年。我们今天从文献的角度看不到清代早期北方斗虫的记录，可能和这个寒冷期有关。比较明末袁宏道和刘侗进京时所做的笔记，前后不过几十年，一盛，一渐衰，可以明显看出差异，前文曾有详述。这其间固然与战事渐近有关，但也不能排除气候的因素。

竺文中提到："15世纪到19世纪冬季是相对寒冷的，最冷的是17世纪，特别是公元1650—1700年间。例如，江西的桔园和柑园在公元1654年和1676年两次寒潮中，完全毁灭了。在这五十年期间，太湖、汉江和淮河均结冰四次，洞庭湖也结冰两次。我国热带地区，冰雪也极频繁。湖北沙市在1608—1617年记载有过桃、杏、丁香、海棠等开花日期，与今日武昌相比，要迟七天到十天。1653—1655年间北京物候记载与现在相比，也要差迟一二星期。并且根据当时旅行记录，1653年11月18日天津运河已冰冻，不能通航，只得乘车到北京；1656年返程时，北京运河是3月5日解冻的。因此可以估计当时封冻期为一百零七天，而目前冰冻期只有五十六天。从物候的迟早可以估算北京在17世纪中叶冬季要比现在冷2℃左右。”

文中提及的江西的桔园和柑园完全为寒流所毁的1654年和1676年，分别为顺治十一年和康熙十五年。

大约在康熙四十一年（1702年）以后，极寒天气有所缓解。清代早期谱出现在康熙五十三年（1714年），即梦桂《蟋蟀谱》是在走出极端寒冷期的阶段出现的。但是既然北京的蟋蟀玩斗有所抬头，那么说明气候条件已然趋暖。根据竺可桢的调查，1620—1720年的寒冷期是大的概念，也说到“特别是1650—1700年”是个极寒期，极寒期之后气候已然开始转暖，只是尚有波动，从蟋蟀谱的情况看，其回暖期可能要早于1720年至少十到二十年，与竺可桢所划定1650—1700年才是极寒期大致是吻合的。

1700年以后，气温肯定是在持续回暖的，这个过程一直到1830年。这在蟋蟀谱中能得到验证。

人们对这期间的蟋蟀谱在认识上发生了一些变化，主要表现在对紫黄等带有明显火色的蟋蟀色类的认识。在明代的三个谱中，紫黄一直存在，名列黄虫门，不过是一般的间色虫。但是在金文锦《四生谱·促织经》中紫黄被单列了出来，排在全谱第一，称“足色”。所谓足色是指“此虫樱珠头，红黄项，紫黄翅遍身油滑，小腿铁色，两腿起黑斑，腕上有血点者，最为难得。其红头黄项黄金翅者，间或有之”。从描述看，红色和紫色都是突出的要点。而这些特点都需要气候较热才能生成。此谱写成于1716年，仅晚于梦桂谱两年，虽然此谱为南谱，但前面提及的三个明谱也都是南谱，同样是南谱，却有如此的不同，可知这一时期紫黄较能出斗，有上佳战绩。这对气候条件的变化显然是一个提示，也看得出至少在南方，气候回暖明显。

但是整个康熙朝从总体上说比较寒冷是有据可循的，到后期才经历逐年变暖的过程。从这个角度看，赵子玉是否真是康熙朝的制品也确有疑问，不然何以梦桂《蟋蟀谱》中一句不提？从情理上讲，蟋蟀罐与需求有关，需求与养斗蟋蟀的风气有关，而风气受制于气候条件。康熙时期的寒冷期，南方养虫没有问题，但北京一带是否适合养虫真不好说。也许赵子玉产生于康熙末年，在梦桂《蟋蟀谱》完稿之后？亦未可知。如果赵子玉确为康熙时期的制品，那么也似乎应该在1700年之后，甚至1714年之后，即康熙五十三年之后。

从大处说，接下来的温暖期出现在1720—1830年间，是为康熙五十九年历雍正、乾隆、嘉庆，至道光十年。竺文又说："清代北京、南京、杭州和苏州有过雨日的记载，根据秋季初次降雪到春节末次降雪的平均日期，得出结论是，1801—1850年间比其前的1751—1800年间和其后的1851—1900年间温暖。"

1751—1800年为乾隆十六年至嘉庆五年，这个时期还算不上最温暖的时期，但较之南宋晚期以及明代嘉靖时期要温暖许多，此时期的《虰孙鉴》能提供气候转暖的一些例证，比如所增品种中出现了"熟虾青"，此虫遍体红如熟虾，故名。另有红砂青也是此谱首先著录的。

明代谱系中皆有“色盖论”，《秋虫谱》“胜败释疑论”：“虫有青黄赤白黑之分，其色有次第，其才能亦次第为高下者，是以青胜乎黄，黄胜乎紫，紫胜乎白，白胜乎黑”，明代三谱皆用此说。但是到了乾隆四十一年（1776年）所刊之《蚟孙鉴》，其“定对诀”则改为：“白不如黑，黑不如赤，赤不如黄，黄不如青，青不如紫。”而且此前虫谱在排序上都依照青虫门、黄虫门、红虫门、白虫门、黑虫门之顺序排列，而此谱排列顺序调整为紫虫门、青虫门、黄虫门、红虫门、黑虫门、白虫门，可知其对紫虫的重视，也表现出紫虫在这一时期风头正劲，亦可推知当时的温暖程度可能超过《鼎新图像虫经》和周履靖《促织经》产生的万历时期。

此后1800—1850年是个较为温暖的时期，为嘉庆五年至道光三十年。但我们综合蟋蟀谱与竺可桢先生的调查结果，实际上从康熙三十九年即1700年开始，就已经开启了这次的温暖期，只是以1800年为界，前后温暖程度有所不同而已，以1800—1850年为清代最温暖的阶段。我们从中医史可以看到温病学的兴起就在1700—1850年这个大温暖期，温病四大名医叶天士、薛生白、吴鞠通、王孟英都生活在这个时期。

叶天士，号香岩，别号南阳先生，江苏吴县人。约生于清代康熙五年（1666年），卒于乾隆十年（1745年）。其《温热论》是其门人顾景文记录整理而成，传本不一，但为后世温病学说的发展提供了理论和辨证的基础。清代名医章虚谷高度评价《温热论》，说它不仅是后学指南，而且弥补了仲景书之残缺，功劳很大。实则是叶天士深谙变通之道，因时制宜，以应对气候条件不同而带来的疫病之不同。

薛雪，字生白，号一瓢，又号槐云道人，晚年自署牧牛老朽。他也是吴县人，生于康熙二十年（1681年），比叶天士小十五岁，卒于乾隆三十五年（1770年），享年九十岁。薛氏家居苏州南园俞家桥，为宋、元间《易》学家俞玉吾隐居处，命其住宅为“扫叶庄”。薛生白与叶天士在学术上有分歧，《苏州府志》称“雪生平与叶桂不相能”，但在大的认知上，与叶天士同为温病学派。

吴鞠通，名瑭，淮安人，生于清乾隆二十二年（1757年），卒于道光二十一年（1841年），是继叶天士、薛生白之后的温病学派重要代表人物。其《温病条辨》是温病学的一座里程碑，不朽的中医著作。

王孟英，生于嘉庆十三年（1808年）。关于王孟英的卒年，史料记述不详，说法不一，但据《浙北医学史略》记载：“嘉兴已故中医张文冲述其先祖昔居渟溪，曾亲睹孟英，其人清瘦不伟，好学不倦，享寿六十一年，故其卒年当为1868年”，此说当属可信。

仅从他们的生卒年代就可以看出，四大名医的从业时代都与这次气候的温暖期有关。叶天士在三十几岁上赶上了气候转暖。而此前长期的寒冷期接近百年，已有两三代人出生并生活在此气候环境下，已然适应了较为寒冷的气候条件，气候骤然转暖，使得一批人难以适应，故而温病多发，叶天士正赶上这个时期。薛雪、吴鞠通则恰在其间，而四人中出生最晚的王孟英则已是接近这次温暖期的尾声了，但是总体都在这个温暖期。

竺文在另一处记，此后的寒冷期在1840—1890年间，是为道光二十年始，历咸丰、同治，至光绪十六年，前面说过的温暖期终结于1850年，这里又说寒冷期起始于1840年，中间有十年的交叉，可能是参照系和尺度不同带来的不同表述，总之“以17世纪最冷，19世纪次之”，可知此时比17世纪的康熙时期还是要温暖一些。此时的温度已不足以妨碍北方的出虫，且经乾隆时期发明用暖制度，蟋蟀只要能出，其后豢养期已不太受气候的影响。这期间南方受影响较小，秦子惠《功虫录》所记为道光十三年（1833年）至光绪十七年（1891年），基本是在这个寒冷期里，可以看出南方虫基本没受什么影响。

有关北方的情形，我们则可以通过石莲本《蟋蟀秘要》知道北京人斗虫的情况，此书出版时正在寒冷期里。其基本内容抄自古谱，唯有红牙青战胜祥王府黑虎之事，是石莲亲历，事在甲寅年，当为咸丰四年，即公元1854年，从五运六气的角度分析，该年中运为土运不及，客气为少阳相火司天，厥阴风木在泉；其值年将军本该就是红牙青，据石莲自述：“此虫形方体厚，项阔头圆，肉黑钳红”，实则已具备黑虫的特点，而与之争雄的亦是黑虎，且黑虎此前战绩极佳，亦可得知该年秋天寒气依然是较重的，即便红牙青，亦多少沾染黑虫成分方为大将，应当是黑青之类重色青虫，甚至可能是与黑虫的间色。如果不是在这个寒冷期中，比如上一个甲寅年，乾隆五十九年即1794年，或下一个甲寅年即1914年、1974年，红牙青生成正色青虫即有可能成为“值年将军”，但在寒冷期中，则整体偏黑才能成将，这种变化就是大的气候条件对一般情形下“五运六气”结论的袭扰和修正，也说明了当时的气候条件与一般情形之不同。

北方再一次刊行蟋蟀谱，则为拙园老人之《虫鱼雅集》，为光绪甲辰刊本，已是1904年之事了，此时已走出前述之寒冷期二十年矣。大约山东虫、河北易州虫被京城玩家重视可能就在1840—1890年这个寒冷期的后期或之后不久，恩溥臣《斗蟋随笔》所著录的第一条虫为光绪二十一年之乐陵真青，即为1895年的虫。而石莲本《蟋蟀秘要》刊于咸丰十一年，即1861年，石莲又是京城玩家，但当时尚未提及山东虫、河北虫。看上去《蟋蟀秘要》只比《斗蟋随笔》早三十余年，却因分属不同的气候条件，实则差异很大。

当代社会对气候变暖、温室效应十分关注，实质上是对现代文明生活方式的一种担忧。从纯粹技术的角度看，其实还是首先要考量气候在历史中的变迁。现代气象学的建立不过百年，气象资料时日尚短，仅从近几十年来的情形看待气候的变暖是不够的，虽然有证据表明这个趋势是存在的，但是以中国唐代的气候情况看，可能比今日的气候还要温暖，这又如何解释呢？那时候可没有今天的生活方式所导致的碳排放。不是说人们的担忧没有道理，而是首先应当通过对历史的考察，结合现代的技术手段，确定今日的气候究竟是处在自然气候的温暖期还是寒冷期，如果是处在一个温暖期，则可知碳排放对地球自然生态的影响并没有太大；如果我们今日正处在一个寒冷周期，则我们对碳排放等因素对地球自然生态所产生的影响，则明显估计不足，或者说远远低估了这些影响。

所有的认知必得有一个坚实的基础才能得到可靠的结论，而中国史籍浩繁，通过认真查找物候、雨雪记录，大致可以画出各个历史时期的气温曲线。能否从中找出起伏规律，尚待时日，但从理论上讲是可行的，有赖学界的集体努力。

跋

且将宿墨写蛩史，留得枯荷听雨声

二十年过去了，我依然清晰地记着那个静谧的下午，有如昨日。

从范用先生家出来，在南小街那片胡同里，左拐右拐地穿行，去找“芳嘉园”，王世襄先生住3号。

我对畅安先生仰慕不已，范用先生是知道的，那天我告辞离去的时候，范用先生拿了一张王世襄的照片，不动声色地说，麻烦你顺路把照片给王世襄带去。然后就指点我路径。

两家其实不远，一路走来，巷子里几乎遇不到什么人，倒是那些老宅院里的树，枝丫疏斜，光影摇晃着布满街巷。我心里还嘀咕：别不在家呀。

等到了王世襄家，看得出他是知道我要来的，应该是范用先生已经打过电话了。茶已经沏好，也没有寒暄，就如老友相聚，天南地北地聊天。屋里光线其实挺暗的，斯时，他的那些宝贝家具还都在家住着，我也不关心，我关心的是蛐蛐罐，王世襄先生又上了回天花板，递下两只蛐蛐罐来，天花板上垛的都是家具，拆开了，打了捆，都是《明式家具珍赏》里著录过的。

和王世襄聊天与跟范用先生聊天很不一样，如鱼入水，一点压力没有。范用先生内心其实很柔软，但是平日里看上去很严肃，也不大说闲话，又是大出版家，我们的老“老板”，说实话我多少有点怕他。他有心介绍我认识王世襄，可是却不明说，很多年以后我才慢慢领悟了他这种内敛的热情，甚至多少带一点幽默。也许这就是他的风格吧。三联恢复建制的时候，杨进在总编室，杨进说范用给了他一张《北京市街巷详图》，常常是给他个地址，在地图上指给他看了，让他去找某某老先生。杨进就骑了自行车，整天串胡同。现在说，那可都是文化大家。三联一部部隽永的书稿，就是在这样一条条胡同里汇流而来。

王世襄花数年时间纂集《蟋蟀谱集成》，蕤集历代有代表性的蟋蟀古谱十七种。书成，又写《秋虫六忆》以为附录，实则是将蟋蟀这一民俗活动引入到了文化史的视野当中，而此前斗蟋蟀是和“玩物丧志”连在一起的，难入文化殿堂。

畅安先生所写“六忆”，乃是忆捉、忆买、忆养、忆斗、忆器、忆友。斗蟋活动与其他民俗活动不同之处在于，这是唯一能打通社会阶层——从贩夫走卒到王公贵族——成为上下一致的一项爱好。《秋虫六忆》事涉当时人物、习俗、制度，乃至玩家心理，所述极其传神，古今描写秋虫之乐，迨无出其右者，实为妙文。我当时正痴迷于蟋蟀，读之大快，言谈中不免忘形，先生不以为忤，谈及当年养狗、斗虫趣事，亦眉飞色舞，灿烂如少年，全然不似八十多岁的老人。也正因如此，蒙先生不弃，允为忘年之交。

此后每至北京，总抽空至畅安先生府上拜望、畅谈，先生每至秋时，也必来电话询问今年山东出没出好虫，有没有得到奇异的好蛐蛐。

坦率地说，初读《蟋蟀谱集成》时，我竟读不懂。倒不是文字有障碍，是因为各家所云不一致之处甚多，与现实不合之处也甚多，越看越糊涂，究竟谁说得对呢？此中问题我也曾面询畅安先生，畅安先生有能解答的，也有难以解答的，我就提议先生能不能做一个“评注本”或是“眉批本”，给爱好者提供一个通晓的蟋蟀谱文本。先生当时整理“鸽经”正忙，又有数项写作计划准备着手，实无暇顾及，却嘱我：“你有此心，又真心喜欢，所提问题有些我也没想过，倘假以时日，能处处留心，你可以做做此事。”我心知无力承担，不敢应承。王世襄先生却举当年朱启钤委托《髹饰录》之事：朱桂老于日本得见孤本《髹饰录》，复制带归，但却无人能懂，遂嘱其设法释读，当时他也是如读天书，此后潜心研究历二十年，终于完成。蟋蟀谱没多复杂，假以时日，只要上心，没有解读不了的东西，洞察力是在日积月累当中不知不觉具备的，当你有一天能够居高临下看清蟋蟀谱的时候，你就读通了。文化无大小，题目不怕小，每人都能做好自己关心的一个问题，足矣。

得此鼓励，余虽愚钝，虽觉无处用力，但也真是处处留心。其间又结识济南斗蟋名家柏良先生，交往数年，允为弟子。柏良先生玩虫一生，交游广泛，豪气干云，知我有求知之心，亦常常加以敦促、鞭策；加之我多年前与济南蛩家、名老中医孙谦大夫亦结忘年之交，得窥中医文化冰山一角，获益良多。本来我个人即喜读杂书，虽无所用心，但也渐能明白见微知著，打通诸学科交通之重要，实因社会生活乃一整体，无论思想史还是社会一时风尚，皆有社会生活史的基壤，我们要理解古人的认识和作为，都必须回到其当时的生活情境，乃至当时的气候、饮食。

数年间，王世襄先生曾打过两通电话，询问蟋蟀谱研读进境，当时我还未通，只能直言相告，并以具体问题询之。先生曾托我在山东帮忙寻访观赏鸽，我寻到过几尾，但非稀见品种，先生都有了，也没能帮上忙。后，先生住院，再无缘得见矣。

雨露滋润，万物生长。

十数年后我读《黄帝内经》，豁然开朗，竟于蟋蟀谱的诸多问题忽然明了，心下大畅，遂以畅安先生《蟋蟀谱集成》为底本，另补入济南地方谱两种，得十九章，完成《蟋蟀古谱评注》，将我多年前的诸多疑惑一一解开，交由上海科技出版社出版，遗憾的是畅安先生却先此数年归隐道山矣。

由于点评蟋蟀古谱，必得跟着古谱内容走，深受古谱内容的限制，加之眉批式体例又不可能长篇大论，大受束缚，难以酣畅淋漓，此后我又撰写了《解读蟋蟀》，试图对大自然影响蟋蟀的气候因素做一些陈述，解读蟋蟀玄机的深层机理。在编著《中华蛩家斗蟋精要》以及写作这两本书的前后数年中，因为反复读谱，对历代斗蟋习俗之不同，尤其是背后所存问题，气候变迁与蟋蟀谱空白期的关系，都有了一些认识。

有关斗蟋习俗，史料中说多不多，说少也不少，零零散散，云山雾罩，神龙见尾不见首，早期的史料甚是稀见。自南宋社会上出现斗蟋活动以来，一直比较边缘化，故传统文人、史家。皆不正眼视之，故而从无相关专史，到清初，玩家已经说不清楚斗蟋习俗的来龙去脉了，诸多传说夹杂了过多的伪史料而令人难辨真伪。时至今日，有关历代斗蟋活动，浮夸风气甚重，而于关键节点和问题反无人关注。

好在早年我曾于台湾陈正祥《中国文化地理》、美籍史学家黄仁宇《放宽历史的视界》等著述中，习得史料活用之法，遂于有处求之，无处求之，居然心中对斗蟋史也能敷衍出大致的脉络和相应的解释。

以今日眼光，蟋蟀品种的优劣变化、斗蟋习俗与气候变迁的关系，其实正可以视为社会生活史的一个部分，遂不揣简陋，勉力成章，草成《斗蟋小史》，虽距完善相去甚远，亦留有诸多疑问尚需解决。此书成，也基本出乎我自己的预料，多年之前，我从未想过能写这样一本书，也算无心插柳之作。但静心想来，却和前辈们的嘉许、鼓励有关，也和长期以来相交往的虫友们的不断讨论、争辩有关，终归是没有辜负这份人生际遇，也算不负王世襄先生之期许，不负柏良先生以及身边诸师友之鞭策，了却了当年心中之诺言。

白峰

2016年10月于济南

斗蟋小史

终